Franz Pauly

Beiträge zur Kritik des Horazscholiasten Porphyrion

Franz Pauly

Beiträge zur Kritik des Horazscholiasten Porphyrion

ISBN/EAN: 9783744663175

Hergestellt in Europa, USA, Kanada, Australien, Japan

Cover: Foto ©ninafisch / pixelio.de

Weitere Bücher finden Sie auf **www.hansebooks.com**

BEITRÄGE ZUR KRITIK

des

HORAZSCHOLIASTEN

PORPHYRION.

Von

Dr. Franz Pauly,

k. k. Gymnasial-Direktor in Eger.

PRAG.

Verlag von H. Dominicus.

1876.

Beiträge zur Kritik

des

Horazscholiasten Porphyrion.

Von

Dr. Franz Pauly,

k. k. Gymnasial-Direktor in Eger.

PRAG.

Im Verlage von H. Dominikus.

1875.

I.

Beiträge zur Kritik
des
Horazscholiasten Porphyrion.

Von Dr. Franz Pauly.

Wilhelm Meyer hat in seiner neuen Recension der Scholien des Porphyrion (Pomponii Porphyrionis commentarii in Q. Horatium Flaccum. Lipsiæ in ædibus B. G. Teubneri MDCCCLXXIV) unter Zugrundelegung der besten der bis jetzt bekannten Handschriften des Monacensis (M) no. 181. 2°. s. X. zuerst eine verlässliche Unterlage für die Kritik geschaffen; wie er dabei zu Werke ging, sagt er p. X der Vorrede. Schon im J. 1870 hatte Meyer in seinen „Beiträgen zur Kritik des Horazscholiasten Porph.“ (Programm des Maximilians-Gymnasiums zu München) sich eingehend mit dieser Handschrift befasst und neben dem Nachweis der verschiedenen Quellen der Verderbnisse derselben eine Reihe mehr minder trefflicher Emendationen geliefert, die ihn im Vorhinein als vorzüglich berufen erscheinen liessen, eine möglichste restitutio in integrum bei diesen zumal in einer Reihe von Episteln arg zugerichteten Scholien anzubahnen. Dass ihm dies in hervorragender Weise gelungen, hat M. Petschenig, Prof. in Graz, in der Oest. Gymnasial-Zeitschrift 1874 S. 341—351 gebührend hervorgehoben (eine weitere Recension ist mir hier seitdem nicht bekannt geworden) und gleichzeitig seinerseits eine stattliche Zahl weiterer höchst beachtenswerther Verbesserungsvorschläge beigefügt, die sich würdig denjenigen anreihen, die er im Klagenfurter Gymnasialprogramm v. J. 1872 gemacht hat.

Wenn nun auch ich hier dasjenige zusammenstelle, was sich mir bei wiederholter Durchsicht der neuen Recension als mögliche oder gar wahrscheinliche Besserung des Textes ergab, so möge zunächst der neueste Herausgeber darin das warme Interesse erkennen, welches ich seiner Leistung entgegenbrachte. Im Uibrigen wünsche ich nur, dass ihm und Allen, die wie er diesen ehrwürdigen Resten des jedenfalls besten alten Commentators des Horaz ihre Aufmerksamkeit zuwenden, der eine oder andere der nachfolgenden Emendations-Versuche beachtenswerth erscheine. Sollte ich hie und da dabei schon von Anderen Gefundenes vorschlagen, so mag die inopia librorum qua hic premor Entschuldigung dafür sein; in diesem Falle wolle man freundlich denken: etiam voluisse sat est.

Vita Horatii.

Z. 11 scheint militiae tribunatu, weil der hdschr. Uiberlieferung (militia) näher denn militari, vorzuziehen und das est, welches Meyer im krit. Apparate als vielleicht nach servatus (Z. 6) ausgefallen bezeichnet, möchte ich lieber hinter traditus (wie am Satzschlusse öfters) herstellen; Com. Cruq. hat receptus est.

Gegen Schluss möchte ich duos »*li(bros)*« lucilium secutus schreiben, sowie auch das von Meyer mit einem Fragezeichen im Apparate proponirte celebratur vorziehen.

Odarum liber I.

1, 16 ist im Lemma r, was aus dem folg. m wiederholt ist oder aus dem vorhergehenden s, zu streichen. So steht 2, 35 im lemma gens, wo s statt r steht, wie Meyer im Apparate richtig sagt, nur hätte er auch gleich schreiben sollen im Texte: g. e. n. r. nicht gens. Vgl. ausser vielen anderen Stellen noch I, 9, 3 catesuas st. cateruas.

ib. 19 möchte ich lieber interpungiren: ordo est: qui nec spernit, wie ich auch in meiner Ausgabe that, oder da das est bei ordo in den selteneren Fällen fehlt, annehmen, dass es einmal ausfiel, also: ordo est: est qui nec sp.

ib. 27 dürfte statt venationi fideles zu schreiben sein venatori, wie gleich darauf steht dominis fideles.

2, 1 Vergleicht man die Eingänge der Scholien zu den einzelnen Oden, so wird man mit mir die Worte: pro: in terras misit entweder einklammern als Einschiebsel oder aber als selbstständ. Scholion, das an eine falsche Stelle gerieth, nach desinebant setzen; etwa so: Jam satis terris. Pro: in terras misit. Sind doch auch im Folgenden die Scholien miserrime turbata.

2, 9 ist das Lemma: piscium s. s. (= et) g. h. u. (statt s) zu schreiben.

ib. 14 so wie ich Petschenigs accipe f. accipit (Oest. Gymn.-Zeitschr. 1874 S. 347) acceptire, so wenig möchte ich das handschr. quo aufgeben, wofür in quod, anfangs wol blos erklärende Interlinearglosse, in den Text gerieth.

ib. 15 ist ergo entschieden unlogisch; denn daraus, dass monumentum regis nicht bloss sepulcrum bedeutet, sondern quidquid memoriam testatur, folgt nicht, dass der rex der Numa Pompilius gewesen. Ich schreibe daher regis]. regıam N. P. s.

ib. 17 nicht blos enî möchte ich mit Ritter auswerfen (es entstand aus dem folgenden anieni), sondern auch a͂ntea (âtea), welches ich aus dem vorangehenden (præcipit)ata verdoppelt glaube. Erst so, denke ich, hat das Scholion den verlangten Sinn: præcipitata A. m. juncta est.

ib. 25 Hier scheint Petschenig's Vermuthung, dass echt porphyrionisch zu schreiben sei: sıc enim fit plenum: quem ergo vocet d. p. (die Meyer unbekannt geblieben zu sein scheint) das Richtige zu treffen.

ib. 39 ist im Lemma statt q. herzustellen v. Ich theile nämlich nicht die Ansicht Meyers, der in seinen Beiträgen S. 13 sagt: „Ein Herausgeber braucht blos da, wo die Lemmata ganz fehlen oder zu unpassend sind, durch kenntliche Einschaltung des betreffenden Schlagwortes dem Leser den rechten Weg zu zeigen, im übrigen soll er stehen lassen, was im cod. M. steht.“ Offenbare Fehler wie z. B. oben I 2, 35 gens sind zu verbessern; vgl. zu I 1, 16. Meyer gibt übrigens selbst diesen Grundsatz stellenweise in seiner Ausgabe auf, sonst müsste er wie gens Od. I 1, 16 z. B. auch I 3, 19 re stehen lassen und nicht ändern in r. c; noch weniger durfte er sonst Epod. 1, 34 im Lemma ut einschieben gegen cod. M, um so weniger als ut hier auch in vielen Horazhandschriften fehlt und Porphyrion es in seinem Exemplare gar nicht hatte.

3, 1 vielleicht ist doch das ad in adorans aus dem vorhergehenden petierat entstanden.

ib. 2 ist infestas gewiss falsch; Castor und Pollux sind im Gegentheil den Schifffahrern günstig; vgl. das Schol. z. III 29, 64: „geminusque Pollux.] quia horum sidera cum se ostendunt laborantibus nautis præbent spem salutis.“ Meyer schreibt daher manifestas; aber das sind die sidera doch nicht plerumque. Ich glaube Porph. schrieb faustas; ob vor oder nach nauibus noch ein laborantibus ausgefallen, ist weniger von Belang.

ib. 4 Da im cod. M steht navigari, was wohl nicht so leicht

aus navigatur entstand, wie Meyer ändert, so vermuthe ich, dass in dem sic. stecke ein significat.

ib. 9 war im Lemma um so mehr c. p. e. zu schreiben, als gerade der Begriff pectus im Schol. zweimal wiederkehrt, abgesehen von dem verglichenen χάλκεον ἦτορ; ebenso 14: ha. m. st. han. und 21: o. d. t statt o. d. r.

ib. 21 möchte ich wegen des hominibus glauben, dass das ut in uteremur entstanden sei aus nt.

ib. 29 ich weiss nicht, ob das sonst hdschr. an der Stelle des Hor. gar nicht vorkommende sublat(um) einfach in subduct. zu corrigiren, oder zu schreiben sei: subductum]. Sublatum. Hes. etc.

4, 12 halte ich das nescio quid (quædam elocutiones per femininum genus gratiores fiunt) für mindestens gewagt; ich denke, es hat Porph. geschrieben: nescio qui (= quomodo). Uibrigens halte ich im Eingange des folg. Ged. auch die Aenderung ignorantem ait statt ignorans ait für noch gebotener (aus ignorâteait wurde sehr leicht ignoranſait).

5, 12 sollte nicht vor hodieque ausgelassen sein hoês (= homines) und nicht der ganze Passus: videmus bis consecrantes hinter suspendisse gehören, also an den Schluss?

6, 12 wie hier im Lemma das i in ingenii fälschlich zweimal gesetzt wurde, so fiel 17 im Lemma vor unguentis aus i. iu. (in iuuenes). Auch 7, 10 glaube ich, dass nach nec ausfiel tam.

7, 31 auch Petschenig Oester. G. Z. 343 will quia patria eiectus est streichen.

8, 3 ist im Lemma at so gewiss aus a. ſ. entstanden, wie gleich darauf im cod. M ſemper st. temper(at) steht (vgl. zu I 33, 7). Ebenso ist

ib. 11 am Schlusse des Lemma nach i. n. vor dem darauf folgenden ex jedenfalls expedito noch aufzunehmen, zumal sich um die Verbindung dieses Wortes gerade das Scholion dreht.

10, 14 nimmt Petschenig G. Z. 347 richtig aus der Vulgata: Priamus opportuno ἐπιθέτῳ; dagegen ist denn doch die Aenderung des hdschr. Mercurio in a Merc. des duce in ductus und die Auswerfung des dicitur zu gewaltsam und das uenisse Meyers statt uenit leichter; denn aus uel, was Petsch. vor quia (besser als qui) cust. einschiebt, soll doch nicht etwa das venit des cod. M entstanden sein?

12, 37 dürfte a se, als aus dem folg. ab se agentes wiederholt, einzuklammern sein.

ib. 43 hat cod. M: apto lare & conveniente gratus f. int. Meyer schreibt st. et mit Hauthal id est; Petsch. a. a. O. 347: 'apto lare' et conveniens et gratus f. int. Näher der Lesart des cod. M. dächte ich käme: apto lare est conveniente, »et« g. f. int.

13, 4 ist die Uibersetzung des griech. ἀφελῶς: id est simpliciter als unächt einzuklammern; vgl. Meyer præf. p. VII. VIII. Schon Petschenig im Klagenfurter Programm S. 16 sah dies.

14, 12 sollte nicht statt des im cod. M fehlenden se nach instruere, eher nach cursus ausgefallen sein suos?

ib. 19 ist vielleicht nach dem Com. Cruq. vor uites ein ut einzuschieben, obwol es auch fehlen könnte; umgekehrt ist I, 24, 11 aus ut uim geworden ut ut uim; noch wahrscheinlicher ist, dass weiter unten 27 derselbe Com. Cruq. statt des unstatthaften decurrit das richtige discurrit uns erhalten hat.

17, 7 will Petsch. S. 343 ausser subtilis et tenuis auch die folgende begriffl. Erklärung: cum.... doctissimum streichen. Das dürfte denn doch zu gewagt sein; von Definitionen möchte ich das nicht voraussetzen, was ich von lat. Uibersetzungen mit ihm und Meyer glaube. Dazu klingt mir auch hier der ganze Tenor zu porphyrionisch.

ib. 9 was hier das et vor hic soll, ist nicht abzusehen; ist doch in dem ganzen Vorherigen von einem audiendum nicht die Rede. Ich denke es stand da im Lemma: nec M. hædiliæl, und aus e l wurde dittographirt unser et.

ib. 14 Petschenig 347 fragt: „Muss es nicht uicto (st. uictor) heissen?“ Darauf wird die Antwort heissen: „muss nicht, aber kann“; am Sinne ändert es nichts. — Bemerkenswerther ist das ruris honore, 1) weil es im kritischen Apparate bei Keller und Holder gänzlich fehlt, auch wol in keiner Horazhdschrift vorkommt (sondern honorum); 2) weil dieses honore auch die Erklärung im cod. M „copia ruris“ nicht „copiis rusticis“ festzuhalten heischt. In meiner Ausgabe hatte ich es übrigens schon richtig verzeichnet.

ib. 25 hat Meyer: dispari in amore non consentienti scilicet intellegendum; sollte nicht vielmehr zu schreiben sein: consentienti; tibi scil. int.? Vergl. auch Acron: Tibi in amore non consentienti.

18, 15 scheint mir das id est störend und aus dem Ende des vorhergehenden verticê fälschlich wiederholt.

19, 8 Das Scholion hat, glaube ich, ursprünglich so gelautet: et u. n. lubricus aspici] »*lubricus aspici i. e. cum* oder *si aspicis (adspicis M)*«. Mire (od. Et mire) dictum est

»*lubricus vultus* (i. e.)» cuius vultus cum est l. etc.

20, 1 quod uile pro non uetusto u. dixisse; so vermuthe, dass Porph. schrieb quod »*ait*« uile »*dicit*« uile; sowol ait fiel leicht vor uil au zwischen od und uil; im letztern Falle wurd dicit uile erst quod icit uile, dann fiel vo uil ersteres weg.

ib. 10 tu bibis uuam] pro uino. μετωνυμία τρόπος d Meyer; auch ich änderte wie Petschenig a. a. C pro uino μετωνυμίᾳ τρόπῳ dicitur. (Nach uua wieder aus.)

21, 3 scheint der Ausfall des von Meyer ergänzten: a pro ebenso unwahrscheinlich als die Unechtheit bis intellege, die Petschenig a. a. O. 343 anni scheinlich. Ebenso änderte derselbe mit Recht dabat mit der Vulgata in laudat (S. 345). A ich v. 12 citharam nicht mit Meyer auswerfen niger die von ihm in den Noten angedeutete insignem i. e. insignem cithara acceptiren diese, sondern die Lyra genannt ist. Ich ver als Lemma zu dem Folgenden zu schreiben ist: umerum od. bloss umerum. Auch sacra co M) dürfte nicht desswegen in scissa zu änder Serm. I, 1, 5 scissa steht; Porph. beruft sic zwei verschiedene Stellen. — Endlich ist v. 1 sit ausgelassen, wie Meyer vermuthet, sonde also: a Cæsare et a populo principe; das Schreibers glitt von dem ersten et a auf das aber fiel nach ict aus, weil es dem ganz ähnlic

23, 5 sind die Worte: rubus sentes sunt moræ sicher verderbt. Meyer sagt: 'morae delendu Das glaube ich nicht. Der Com. Cruq. sagt: r cies est mori; cod. Guelf. hat: rubes se morae; auch ist nicht abzusehen, wie moræ in den Text gekommen. Bis Besseres gefun ich bei Com. Cruq.

ib. 9 dürfte es statt timere heissen müssen tremer werfung des hoc; denn offenbar sagt Porph.: nicht so zittern wie der inuleus, denn dieser f ist timet richtig) für sein Leben; das brauchs

24, 8 steht im Lemma im cod. M. quando a. Das

*) Was der Wegfall des Striches (in Ermangelung eines solch Setzer obiges Zeichen) für ein ausgefallenes m oder n auch Corruptelen verursachte, dafür hier statt vieler gelegentlich Od. III, 21, 1 steht statt Manlio: alio (aus consulēālio = co

dem folg. acuta dittographirt; ullum einzufügen dafür ist unnöthig. Ebenso ist v. 11 im Lemma st. h. u. entweder heu od. h. n. zu schreiben.

25, 6 ist statt hoc (hēc d. i.) haec zu schreiben, wegen des vorausgehenden quae.

ib. 15 schreibt Meyer: ulcerosum. ulceratum ex contemptu. Wie da das eine durch das andere erklärt werden soll, sehe ich offen gestanden nicht ein. Sollte nicht zu schreiben sein: ulcerosum. uulneratum ex contemptu, oder gar in ulceratum selbst stecken ulcerofum und darauf das ausgefallen sein, was Com. Cruq. hat: libidinis indagatione commotum, der auch das vorige Scholion so ziemlich wörtlich wie Porph. hat?

ib. 19 hat cod. M. conveniens, wofür Meyer convenienti, Petsch. S. 347 convenienter; ich hatte vermuthet: conveniēſ est superiori allegoria pro uetulis m. [dixit]; oder conveniens superiori allegoria; nâ pro u. m. dixit.

26, 1 nach nullam dürfte denn doch in ausgefallen sein also inhærere (so schon Fabricius).

27, 1 möchte ich glauben, dass im Eingange die Worte des Anacreon angeführt waren (wie Com. Cruq.). Vgl. A. p. 99.

ib. 3 ist im Lemma zu schreiben: p. r. (st. i); dann ist offenbar in der Vergil'schen Stelle vor ettan — ausgefallen enean (Aeneam); nur dann ist das Beispiel für die figurata elocutio erst passend.

ib. 10 ist (auch nach Meyers Princip Münch. Progr. S. 13) im Lemma zu schreiben: Opuntiae f. Megillae. Wichtiger freilich ist, dass Porph. wol nicht Opuntia oppidum Locridis est schrieb, sondern jedenfalls: Opus Opuntis.

28, 7 ist offenbar statt mortis zu schreiben mortui.

ib. 12 hat cod. M. dari, woraus Meyer dans macht; ob mit Recht zweifle ich; sollte nicht in dariiudicet liegen: dari »*dicit*«. *iudice te* oder dari »*significat*«. iudice te?

ib. 14 adfirmante te pythagora non eum mentitum so cod. M; Meyer schreibt nach te ein de; ich glaube Pythagoram non mentitum ist einfacher und richtiger (aus pythagorâ non [eû] ment.).

ib. 25 Nach dem Lemma ist offenbar eine Lücke. Entweder muss das Lemma erweitert werden bis fluctibus Hesperiis Venusinae, weil das letztere Wort im Scholion erklärt wird; oder es ist nach Eurus die Erklärung ausgefallen (etwa 'adjurantis est', wie Com. Cruq. hat) u. Venusinæ. Das Ganze würde also etwa lauten: Eurus. Adjurantis est. Venusinae. Venusia colonia est. (Das Auge des Schreibers irrte von eurus ab auf uenus(ia); ebenso wäre der Fehler im ersteren Falle entstanden zu denken).

ib. 30 Das id est in filios rührt wol ebenso we
phyrion her, wie kurz vorher das von Meyer
klammerte id est Parenti. Das eine ist s
das andere.

30, 7 vielleicht ist hier zu schreiben: sine te h
uenustate.

31, 10 ist zu schreiben: culullis] »*Culullis*« pro p

32, 1 steht im cod. M: lusimus tecum u. l. m. si
Meyer klammert u. l. m. ein. Wie kam da
Text? Vielleicht schrieb Porphyr.: lusimus
cinimus'. Sic. Leicht konnte cecini nacl
fallen und der Rest wurde ulm (sic).

33, 5 ist hoc est vor hac re zu streichen.

ib. 7 hat cod. M: prius ut lupi; aus ut macht M
wollte es als aus dem ul*) in prius wieder

ib. 15 ist im Lemma zu schreiben fretis Hadriæ,
folg. per haec nichts hat, worauf es sich be

34, 7 im Lemma ist zu schreiben: egit **e. v.** c
dann heisst es weiter: concipiunt, velut h
nicht, dass **velut** hier von Porph. geschriebe
(ul'ut ist ebenso fehlerhaft aus ut verdoppel
utut st. ut).

ib. 10 möchte ich schreiben: inferos »*esse*« fertur

ib. 14 dieses Scholion scheint mir verwirrt; urspri
ich hiess es: hinc apicem r. f... hinc po
pro honoris subl. posuit. Cum stridore ac
cum fl. et lam. sed non s. u. e. q. ap
dignitatem] aufert. Sensus est autem: I

35 sind die Eingangsworte: ad Fort.... colitur
nicht von Porph., also einzuklammern. Me
uidetur non Porphyrionis esse und lässt die

ib. 7 ist zu schreiben: pro quolibet »*monte et*« f
Meyer stellt es als Vermuthung in der a
jedoch mit einem Fragezeichen. Der Fehler
der in der gewöhnlichen Weise durch das et

ib. 11 Meyer: purpureum enim illud est st. a
cod. M steht; ich dächte aliud wäre rich
Sinn ist: „purpureus steht st. purpuratus
pureus ist eigentlich (si proprietatem attend
deres: denn es heisst wie ligneus etc. aus Pu

ib. 14 ist im Lemma nach **a.** ein zweites **a**(rma) au

ib. 22 sind die Worte: nec fidem.... id est als I

---

*) Dass in M. oder seinem Archetypon das sog. lange I ge
weisen eine Reihe von Fehlern, z. B. Od. I, 34, 1: culto
6, 12: deserere st. deterere; 8, 21 semper st. temperat

schreibung des fidem quoque amittere einzuklammern. — Gleich darauf v. 28 ist ebenso gewiss zu schreiben ἀλληγορικῶς »eos« ostendit etc.

halte ich es nicht für statthaft lat. zu sagen: translationem pro multidudine posuit und schreibe mit leichter Aenderung: iuuenum examen translatione ab apibus facta pro mult. militum posuit.

sind im Eingange die Worte: Custodes N. deos offenbar zu streichen. Der Text scheint überhaupt hier wieder, wie öfter, in Unordnung gerathen zu sein. Der ursprünglichen Fassung dürfte folgende nahe kommen: Et ture et fidibus iuuat] Hanc oden.... æquum esse dicit. — Fidibus] fidicines..... nesciat. — Iuuat placare .. N. deos] Placare etc.

Hier möchte ich das eo quod beanständen; ich zweifle nicht, dass zu schreiben ist ex quo; sonst dürfte in den Worten: quod necesse sit uno ductu potionem haurire der Begriff „aus demselben" (der amystis nämlich) nicht fehlen.

ist nach dem Lemma neu breue lilium ausgefallen *»breue lilium«* quod.

ab hoc zwischen quæ und hederæ ist zu streichen.

das letzte **s** des Lemma ist zwischen s(odales) und **sa**cerdotales offenbar fehlerhaft wiederholt.

ich kann mich immer noch nicht überzeugen, dass die Worte: quasi decreto fatorum nobis objectum nicht ein verwässerter späterer Zusatz sein sollte zu: a fato sibi seruatum; auch hoc ist aus dem vorhergehenden **m** und dem folg. **ac** — wiederholt. — Nicht minder bedenklich däucht mir das ganz überflüssige und nachhinkende ornatu v. 30, abgesehen davon, dass wol nur von der Persönlichkeit (von humilis mulier) nicht von ornatus die Rede sein kann. Die Uibersetzung von *οὐ θριαμβεύσομαι* ist wol bei Meyer nur durch ein Versehen nicht eingeklammert, da er sie præf. p. VII richtig mit unter den auf diese Weise interpolirten Stellen aufzählt.

Während es zweifelhaft sein kann, ob nicht v. 1. degere, wie Com. Cruq. hat, statt agere von Porph.'s Hand herrühre, scheint mir v. 3 um so gewisser ursprünglich gestanden zu haben ex frigidioribus *»regionibus«* adferri.

Das Schlussscholion (dem übrigens auch das Lemma fehlt um seine Stelle vor dem Scholion zu v. 7 anzuweisen sein) hält Meyer mit Recht für nicht porphyrionisch.

I Gleich die Uiberschrift: ad Asinium Pollionen
Zuthat und ebenso das aus civicum im Le
einmal wiederholte **m.** einzuklammern. Dann d
mehr als wahrscheinlich, dass unten illi (das
antiqui, was aus antiqua figura zu entneh
entstanden ist aus olî (olim).

ib. 6 Dass im Lemma **i. p. i. s.** zu schreiben, ist N
wichtiger ist, dass im cod. M steht ostendit, welche
hatte, dass der fehlende Infinitiv latere (aus Ac
schoben wurde; um das ostendit zu halten, dach
ob nicht vielleicht ait aus ad(huc) dittographirt
adesse stecke; im ersteren Falle dachte ich vor
ausgefallen esse, im anderen Falle hätte die
lautet: Allegoricos adesse adhuc . . .
Jetzt möchte ich aber doch **ait** unangefochten
noch eine Kleinigkeit mehr an dem handschı
ändern als Meyer (der ostendi schreibt) nämli
(„man stosse noch jetzt auf"), was jedenfalls pa
und keine eigentliche Aenderung (oltendi und

ib. 11 muss im Lemma nach **r.** noch **c.** stehen (es f
cropio aus). Dann schreibe ich tragœdia a '
während die Worte inventore eius et acto
vage Wiederholung des primum scripta at
tragœdia erscheinen wollen.

ib. 21 Hier scheint das griech. *ἀμφίβολον* durch die U
geradezu verdrängt. Denn mit: utrum enim . . . .
est kann wol *ἀμφίβολον*, nicht aber ambigui
worden sein. Daher ist *ἀμφίβολον* ohne Zwei
Stelle des ambig. zu setzen.

ib. 28 schreibe ich: rettulit inferias Iugurthæ. ı
nunc etc.

ib. 31 ist das de superiore ostendit corrupt und g
ständlich; in der adn. crit. schlägt Meyer vor s
hoc pendet; dem Sinne nach jedenfalls richtig,
ich eher glauben, dass wie sonst sehr oft Porph. g
de superiore »*test.(atur) audi*« endû; war einma
endû weggefallen, so wurde aus dem übrig ı
testendû wie von selbst ostendit.

ib. 37 ist das letzte **n.** im Lemma zwischen **n.** und
streichen. Auch ist nicht: in mortuo canitur zı
noch weniger in mortuos mit d. Vulg., sond
ist aus dem folgenden **m**(ortuo) wiederholt un
mortuo ist so gebraucht wie der plur. zu Ej
28: nenia carmen est quod mortuis cai

2, 1 scheint abermals eine Lücke zu sein, die etwa so auszufüllen wäre: argentum autem abditum pro pecunia recondita; *»ter(ris) auaris«* pro in thesauris (tesauris M) dixit. — Ebenso halte ich v. 5 nicht nur die Worte: per quam semper volat mit Hauthal, sondern das ganze zweite Scholion zu: uiuit extento Proculeius suo für unecht.

ib. 18 sind die Worte uirtus i. e. sapientia offenbar entweder zu streichen, oder als eigenes Scholion hinter plebem zu setzen.

ib. 19 vor solummodo, glaube ich, ist ein Lemma ausgefallen und Porphyr. dürfte so geschrieben haben: dicitur. *»Regnum et dia. tu.«* Solummodo .... adfirmat, qui .... concupiscat. War einmal geschrieben diatusolummodo, so war die aberratio oculorum für den erwiesener Massen äusserst leichtfertigen Abschreiber leicht möglich.

2, 3 hier erscheint gr. ᾠδή und es sollte entweder überall dieses (und dafür spricht die einfache ratio) hergestellt werden oder die lat. Form.

ib. 4 sind die Worte et si lasciuus et si largus vixeris jedenfalls corrupt; Petschenig im Klagenfurter Programm S. 21 sucht den Fehler in largus und schlägt dafür parcus vor; aber abgesehen davon, dass daraus doch wol nicht leicht largus wurde, will auch lasciuus nicht passen von einem der sich gütlich thut; Meyer sucht richtiger den Fehler in lasciuus und denkt an adstrictus; auch ich suche ihn dort, nur ist es schwer ihn aufzudecken. So lange nichts besseres gefunden wird, halte ich von einem: qui mæstus omni tempore vivit das Epitheton fastidiens für wahrscheinlich (wol konnte aus fastidiês lasciuus werden), wenn ich es auch so absolut gebraucht nicht nachweisen kann.

4, 1 Abgesehen von dem im Lemma vor **ad** fälschlich wiederholten **a** glaube ich auch nicht, dass Porph. geschrieben: haec ode dicitur, sondern wie auch sonst scribitur (scripta est) oder: hac ode loquitur; wenigstens stände es vereinzelt.

ib. 9 nach dem Lemma scheint Thessalo uictore ausgefallen und im Lemma zu v. 11 ist **s** aus dem folg. ſ dittographirt; umgekehrt ist v. 13 im Lemma **f. f.** ursprünglich gewesen, wovon im cod. M nur eins blieb; daher zu schr. **Ph. f.**

ib. 21 ist ohne Zweifel zu interpungiren: adjecit: „integer laudo“. Dann folgt als neues Lemma zu v. 24: fuge etc. — Weiter klammert Petschenig a. a. O. S. 343 richtig octo quinquennia ein; ich möchte ausserdem scilicet einklammern, welches auch aus anno scl(udu entstand, dass scl. zweimal geschrieben wurde.

5, 6 sagt Meyer gewiss mit Recht: alterutrum s(phyrionis non est; welches lässt er dahin (glaube nur das zweite ist echt; es war einem zu nüchtern und so gab er ihm eine wi(packendere Fassung, wobei er sich das ele(vorhergehenden Scholions zum Muster nahm.

6, 11 ist Spartani offenbar ein linkischer Zusa(theniæ, nicht besser als gleich darauf die W in Attica, die auch Meyer einklammert, u hinzu auch: compositum pro simplici cedunt (oder wenigstens die drei letzten Endlich heisst es am Schluss: ubi mel nasc ab attico non uincatur. Sollte nicht au(attico zu schreiben sein Hymettio, gerade genden Schol. im ganz gleichen Falle dem V genüber Venafranum steht?

7, 6 Meyer sagt zu ut in der adnot. crit.: „del.?“ entschieden es auswerfen, wobei es möglich vor quasi ausgefallen quod; nöthig aber i obwol echt porphyr. mit dem conj. verbunden

ib. 13 Ich kann mich nicht überzeugen, dass der Ei(Schol. (wenigstens an dieser Stelle) echt sein da das mit autem folgende keinen Gegensatz abgesehen von dem Fehlen des Bruti im co(nicht aus dem Schol. zu v. 1 hierher verschlag einfach zu streichen, das dann unhaltbare aut(mit, das übrigens auch durch Dittographi konnte (iucunde autĉ ame riurio). Möglich, dass es an den Schluss zu v. 1 sich so anrei ostendit Horatius in partibus »*eius*« se Ebenso glaube ich kaum, dass v. 21 in f(adferente das uel adferente von Porph. h es zu fad ist.

8, 3 ist entweder ob perjurium (wie Petscheni(ob obprobrium nach der Vulgata beizubehal cod. M. obprobrium steht. — Dass weiter etwas ausgefallen, hat auch Meyer erkannt un der adnot. crit.: „fort. simul iurasti exci sei gestattet, eine andere Vermuthung danebe mit ac, glaube ich, sollte simul als conj werden; also: obligasti. »*i. e.*« simulac p. „simul. supp. ac.“)

ib. 6 ist im Lemma anzufügen: i. p. p. c. (weil d(

auch auf diese Worte bezieht; ebenso ist später nach publica ausgefallen cura.

ib. 11 ist nicht sensus sondern uersus zu lesen (wie im folg. Gedichte v. 4 uersibus nicht sensibus), das interpretamentum „id est per coniunctionem“ zu streichen.

ib. 15 statt nimium hätte ich früher nimirum vermuthet; vielleicht ist besser initium.

ib. 23 ist im Lemma a. m. hinzuzufügen, was in Folge des darauf folgenden amoris ausfiel.

9, 1 ist im ersten Lemma st. h. i. zu schreiben hi., bald darauf ähnlich st. h. i. Nat.: hi. m. i. a. (das t ist aus dem l in latens reduplicirt); endlich v. 9 semper urgues fl.

ib. 21 ist im Schlusssatze additum uictis gewiss corrupt, weil die folgende Erklärung nicht dazu passt; es ist zu schreiben: et addit min. u. uertices poetice, quasi etc.

10, 1 Das zweite Scholion zu v. 13 halte ich für unecht, für eine Verwässerung des ersten.

ib. 21 nach dem Lemma scheint ein Schol. zu fehlen; jedenfalls fehlen die Schlussworte sapienter.... uela als Lemma, denn von diesen heisst es: hac allegoria præcipit. (Möglich auch, dass nach cod. M so herzustellen ist: atq. f. a. et rlq.; vgl. Epod. II, 5).

11, 18 heisst es: suauiter quasi...., sicut supra (II, 7, 23) etc.; dort heisst es aber: „quis interrogatiue“; daher glaube ich ist nach suauiter ausgefallen interrogat oder was vor quasi noch leichter fortfiel quaerit. (Auch ist im Lemma st. s. zu schr. p.)

12, 9 ist nach cod. M im Lemma zu schr. tuq. p. d.

ib. 27 Was oscula maiora sein soll, verstehe ich nicht; wie wäre es, wenn man schriebe: flagrantia ergo oscula amatoria (Reizmittel zur Liebe); das entspräche dem vorhergehenden: ut inritent amantibus desiderium sui.

13, 14 Das Lemma ist hier aus v. 14 wörtlich wiederholt; darauf steht im cod. M: Africa sit quod ita; Meyer ändert: A. est. quid ita. Vielleicht kommt der Uiberlieferung näher: A. sita. »quid vero est« quod ita. (a fiel vor q leicht ab, von quid fiel der Abschreiber gleich auf quod).

ib. 26 im Lemma ist statt p. t. zu schreiben pl.; das folgende robustior est ändert Meyer mit Suringar in robustiores, ohne Noth, wie Schol. z. IV, 2, 33 beweist, worauf auch Petschenig S. 346 hinweist.

ib. 32 nach Meyer's Interpunktion wäre das ganze Schol. Subjekt zu significat; das halte ich nicht für zulässig; entweder ist zu schreiben: vulgus. *»densum humeris vulgus«* ... significat; oder (was mir indess minder wahrscheinlich) vor bibit ist dicit ausgefallen. So ist auch

14, 19 zu schreiben: Aeolides laboris *»laboris·* tus etc. —

ib. 25 Dass in adservans das ad aus dem vorh constringat wiederholt sei, beweist das folg. es heisst: quæ hic magnopere seruauera

15, 6 heisst es: copia narium. odores dixit; da das Ganze: odores spargent oliuetis od doch Porph. nicht wol gemeint haben kann. Ic dass zu schr.: copia narium. *»arbores«* od (wie es später heisst: et cetera quæ sunt odo arii). Weniger wichtig ist's, ob statt arbores nicht a. euertantur zu schreiben sei.

ib. 8 scheinen mir die Worte: id est sub priorib ribus spätere Zuthat zu sein.

ib. 17 sollte nicht statt ueteribus Romanorum z sein: ueteribus Romanis olim? Am Sc auch Petschenig S. 343 die Worte: unum in diuisit aus.

16, 27 hat ohne Zweifel Porph. so geschrieben: extri audiendum *»quatenus. sensus autem est«* qua cessum etc. Ebenso ist

ib. 35 transierunt qui wol aus transierûtatque war erst at nach ut weggefallen, so musste a den qui.

ib. 37 nicht blos dixit ist im cod. M natürlich zu st dern auch **id est.** Endlich halte ich auch worte: Graiâe genitiuus singularis es alberne Zuthat.

17, 5 hat cod. M: amicitiam unam esse in du Meyer setzt nach corpora hinzu diuisam; da schwer abzusehen, wie das ausgefallen sein so will statt in schreiben et. Ich vermuthe, das schrieben: animam unam esse *»inclusam«* i pora; da läge die Entstehung des Fehlers (c in indu) wenigstens auf der Hand.

ib. 17 dürfte wol horû aus dem folg. horoscopun sein. Auch

ib. 22 zweifle ich an der Richtigkeit des ob han tionem (= um ihm dazu zu gratuliren); darin versteckt ob hanc gratulâfrationem, lans rationem. Im Folg. proponirt Meyer stat idem attulit, aber nur mit einem Fragezeic tem ideo attulit; ich hatte ähnlich notirt ideo nunc attulit (idautemideonc att.; war e einmal ausgefallen, so wurde leicht aus iden

18, 12 sind die Schlussworte qua possess.....iudi

rwässerte Wiederholung des vorhergehenden: me
ıeatum facit.

in der adnot. crit. denkt an qui cum statt qui
agt es aber nicht, es in den Text zu setzen (und
ınnte von quicû nur zu leicht cu wegfallen); und
st es in der That nicht; wie er aber non stehen
:onnte, ist mir nicht klar. Porph. kann doch nicht
haben: „Die nicht einsehen, dass die Zeit rasch
, aber nichts desto weniger beschliessen (denn er
das desinent des cod. M in destinent) Paläste
n." Drum denke ich **non** gerieth vom Rande an
kehrte Stelle (statt hinter **tamen**) und die Vulgata
:sinant ist richtig.

wol heissen: per impudentiam (mit unver-
r Frechheit verjagt er sie); vgl. impudentia et
ıdinem (Cato apud Gell. XVII 2, 20) oder quum
quid suum quid alienum sit ignoret summæ est
ıtiæ (Cic. de Orat. I, 38, 173). Dass im Lemma
t. nicht **t. a.** zu schreiben, sei nur nebenbei be-

icht nach descripta est sc(ilicet) fehlen?

M: habeas..quidquid putas; die Vulg. optas;
ıt ist zu schreiben petas oder a'dp'etas (wobei ad
l wegfiel), wie es v. 34 heisst: non magnopere
endos esse honores nec diuitias.

ita tamen doch schwerlich richtig und glaube
Com. Cruq.) es muss heissen: quia mors ut ne-
as est, ita etiam perpetua req. lab.

ıtschenig mit Recht (S. 348) referens statt re-
las.

ıchwer aus dem was cod. M hat: sacr. sagittæ
rbatum significat mit Sicherheit einen Schluss
ursprüngliche Lesart zu ziehen. Ich begnüge mich
yer's Vermuthung sacris Bacchi se pertur-
ı auch die meinige hinzuzufügen: Baccho se
ıte.

Lemma nicht **i. e.** sondern **l. e.** zu schreiben;
möchte ich v. 7 statt deum iuminere mit Com.
ieber deum minari (infesto thyrso), und v. 9:
i non ind. e. mysteriis [eius]; (deo änderte
elcher glaubte, es gehöre zu indignum und eius
eriis wiederholt.)

ıitas statt subiectas nach Acron herzustellen.

in aus dem **m** in manibus wiederholt.

20, 2 ist das autem offenbar falsch und aus dem folgenden uatem dittographirt; solche Buchstaben-Verstellungen sind im cod. M sehr häufig; vergl. statt vieler Beispiele II 18, 26: exur or statt et uxor.

Odarum liber III.

1, 2 ist im Lemma non prius zu schreiben; ebenso v. 5: regum tim. in proprios reges r. i. i. »i.« e. i. c. g. t. c. s. (nicht f) m.; auch ist v. 14 im Lemma h. aus dem folg. n(ecessitas) wiederholt, wie auch v. 21 nicht h. h. sondern n. h. und nicht f. d. sondern d. f. stand. — In demselben Scholion ist wol der Uiberlieferung noch näher: imperium est et Iouis in illos ipsos (in ipsos Meyer).

ib. 21 halte ich die Worte: et ideo .... subdistinguendum für einen späteren Zusatz.

ib. 27 ist e contrario est als Uibersetzung des antitheton zu streichen. (Meyer lässt es stehen, obwol er es præf. VII aufführt.)

ib. 42 ist nach sidere ausgefallen c(larior).

2, 1 nach beatam uitam ist viell. ausgefallen quam diuiti.

ib. 19 ist (auch nach Meyers Grundsatz) im Lemma zu schreiben a. p. a., weil gerade die popularis aura erklärt wird.

3, 17 hat Porph. wahrsch. nicht eas sondern eam geschrieben (eâseparant); gleich darauf schlägt Meyer statt des jedenfalls corrupten operi in der adnot. crit. vor priori; ich hatte superiori vermuthet.

ib. 45 auch hier ist wol zu schreiben: perpetuo ἐπιθέτῳ, wie Petschenig S. 346 bemerkt. Im folgenden Scholion, wo cod. M hat mare fretum, schreibt Meyer mare et fretum; ich möchte lieber uel statt et.

4, 5 halte ich in vocem Musæ cantus das cantus für unlat. und zweifle nicht, dass es aus canentis (canêtis) entstanden ist.

ib. 11 ist das Lemma zu ergänzen: fatigatumq. s.; ebenso v. 20 nach dem Lemma zu wiederholen: animosus infans. ideo etc.

ib. 27 Für das handschr. (arbor) euidenda (Vulg. euitanda), will Meyer excidenda; ich vermuthete seiner Zeit euellenda.

ib. 60 ist vor umeris nothwendig: numquam, wie das Schol. beweist.

ib. 36 das in cod. M an der Spitze stehende quia ist wol nicht einfach einzuklammern, wie Meyer thut, sondern wahrscheinlich ist quia zu dem vorigen Schol. zu ziehen und eine Lücke anzunehmen, deren erstes Wort entweder uim oder etwas ähnliches war. Wenn z. B. Porph. geschrieben: quia *«uim superis inferre audebant»* oder quia *«hi uim etc»* oder quia *«hi in deos arma sustulerunt»* (nach Com. Cruq.) so fiel dieses oder ähnliches durch das folg. uim leicht aus. — Ebendas. heisst es auch von Augustus: ad sublimitatem imperii fama peruenerit. Was das fama hier soll ist nicht recht abzusehen, denn per quæ (nämlich fortitudine et doctrina) sagt schon, wodurch er an die Spitze des Reiches gelangt. Fehlte es, wie thatsächlich im cod. Bernensis, so würde man es nicht vermissen; da es aber auch in cod. M steht sehe ich lieber darin ein verstümmeltes romani.

5, 1 Petschenig im Klagenf. Progr. S. 32 will si vor famae einschieben; ich glaube nicht, dass dies nöthig.

ib. 6 per medium muss auch als Uibertragung des folg. διὰ μέσου eingeklammert werden.

ib. 23 ist es schwer zu sagen, was in den sacerdotes des cod. M stecke. Meyer schlägt vor „senatores! uel securos." Viell. führt auch hier Com. Cruq. auf die richtige Spur; dieser hat quasi iam uictores.

ib. 27 sollte es nicht heissen müssen: *«infecta luce»?*

ib. 34 schob schon Petschenig im genannten Programm zwischen est u. iterum ein si ein, so wie Meyer. — Das dann v. 39 stehende donis malis ist von Meyer richtig als verderbt bezeichnet und um nichts besser ist die Vulgata dolis; gestattet sei es indess die Vermuthung auszusprechen, dass viell. domi (=domesticis) den Sinn des Italiæ ruinis erläutern sollte.

6, 43 auf das hier von Meyer mit Recht eingeklammerte etiam sei hier blos desswegen hingewiesen, weil es für ähnliche Fälle so recht die Entstehung von Fehlern bes. im cod. M veranschaulicht (nachdem et doppelt geschrieben war: sciliceteṭamicum, wurde daraus noch weiter verdoppelt sciliceṭetiam amicum).

7, 1 Ad Asterion ist zu streichen.

11, 3 nach dem Lemma ist wenigstens testudo zu wiederholen; vielleicht ist aber auch, weil in testudine das e im cod. M „in rasura" steht, eine tiefere Schädigung anzunehmen, etwa: testudo. *«loquitur ad testudinem»* quia e testudine.

ib. 21 sollte nicht doch für poenæ constitutis zu ändern sein pro poena?

ib. 26 hat das autem keinen Halt und lässt auf eine Lücke schliessen; vielleicht schrieb Porph.: inane l. dolium «i. e. sine aqua dolium»; «lym(phæ) inane» ita autem figurauit etc. dann schreibe ich: ut e contrario 'plenum uas alicuius rei' dicitur. (sine aqua ist aus Com. Cruq. lym. wiederhole ich aus -lium und das im cod. M später erscheinende inante ziehe ich eine Zeile aufwärts als inane).

15, 6 der Sinn, der den verderbten Worten zu Grunde liegen muss, ist unzweifelhaft und Meyer trifft ihn ebenso unzweifelhaft mit der in der adnot crit. vorgeschlagenen Aenderung: sic ad nitorem fiunt virgines interventu tuo turpes; es sei indess gestattet meine Vermuthung dieser an die Seite zu stellen: sic «ed» ad nitorem facere uirgines interuentu suo turpes, quippe cum sit ætate jam attrita etdef. (dass eâ zwischen c und a leicht ausfiel und fuo sowenig wie sit eigentlich eine Aenderung genannt werden können ist klar, und die Rasur nach fieri ist dem längern facere günstig; vielleicht hiess es auch nitorêficere d. i. nitorem efficere).

16, 9 vermuthe ich st. des mir unverständlichen in hoc iam excessu consilium est fabulæ vielmehr expressû (expressum).

ib. 21 Wenn auch nicht das ganze Schol. (wie Meyer glaubt) so sind doch sicher die Worte: qua significat.... auarus an das Ende des Schol. zu v. 23 zu setzen. Gehört aber auch: bella relatio sensus est dahin, so muss es mit et angeknüpft werden. In diesem Falle fehlt das Scholion zu v. 21 ganz.

ib. 29 fügt auch Meyer ganz richtig eine Negation ein und schreibt: agellus meus quamuis oneri mihi non sit; viell. ist meine frühere Vermuthung leichter, dass näml. nach quamuis ausgefallen uix od. non vor oneri.

18, 7 ist vor uina ausgefallen ueneris sodali, denn gerade dies wird im Schol. erklärt. Auch v. 1 scheint nicht nur inferum aus infestum entstanden zu sein (was auch Meyer in der adn. crit. vermuthet) sondern dies infestum auch der nähern Angabe wem? zu entbehren; ob nicht Porph. schrieb: agris ainnt infestum? Dann stimmt auch erst das Folgende: „secundum quæ et nunc Horatius loquitur cum eum orat, ut lenis per agros suos transeat", während die Vergilische Stelle das pestilentem erörtert: (Vgl. Com. Cruq.: „ut in sequendis Nymphis se fugientibus transiens suos agros uelit esse propitius").

ler sicut falsch od. der Schlussatz: secundum quæ ,ec dicuntur, der ja dasselbe noch einmal besagen ,as wird auch nicht besser wenn man sic schreibt, ər in der adn. crit vermuthet. Ich denke in sicut ilicet.

ht addiderit u. exsurgat st. der 2. Pers. richtigersein? in meiner Ausg. schon fiunt ergänzt, nur nicht 'er nach iocosi sondern nach hilares; jetzt ch es nach uinum setzen (weil es hier am leich-sfiel).

chol. wieder miserrime turbatum. Meyer glaubt te Lemma sei ganz auszuwerfen. Ich glaube viel-ə Sinnangabe: „dicit.... contentos esse de-əhört gleich hinter das zweite Lemma und wurde Umstellung noch einmal mit einem Lemma ver-7on den beiden autem aber, die dann folgen, zu streichen, wahrscheinlich das zweite; es stand ə früher und gerieth auch in die folgende.

Ieyer statt des jedenfalls corrupten digitisque ·ktur Meisers auf: dicit easque. Ich glaube da Angabe des Mittels zur formatio ad asperiora h. der Gegensatz zu dem Folg.: abiectis gemmis das führt mich auf die Vermuthung dass in di-illeicht stecke dicit literisque. („Sind die puero-tes teneræ nimis genannt und durch die Schule zu ı asperiora studia od. die luxuriosorum men-).

cod M: cui dum nihil extet semper uidetur Die Vulgata lautet desit; Meyer in der adn. crit. t sat est. Beides liegt zu weit von extet ab; auch hier wieder die Nachlässigkeit des Schreibers ıd herzustellen: cui dum nihil «expetendum (od.)» extet.

əder das zweite Lemma; ich schr.: *fluuius. «lus.* .» Rhodope etc.

scheint mir zweifellos quare zu schreiben.

i autem aiunt richtig sei, bezweifle ich sehr; aber von Porph. her, so möchte ich glauben, dass ·hische ausgefallen sei nach aiunt. Wahrschein-ıer ist mir, dass es heissen soll: grate autem əd. ait).

der illi nach simile zu streichen oder es ist vom ı die verkehrte Stelle gerathen st. hinter princi-m erstern Falle wäre nach principium(aecenas) əchieben.

Odarum liber IV.

1, 4 et hoc autem allegoricos.... sed ut. So Meyer. Wie er sich aber et u. autem gedacht und dazu noch das folg. sed ist mir nicht verständlich. Petschenig Klag. Progr. S. 24 hält mit Recht die Worte für corrupt und will schr.: hoc autem non allegoricos, quod sit sub.... sed ut etc. Denselben Gedanken festhaltend vermuthete ich einst: et hoc nô dictum allegoricos quod ait...., sed etiam ut. Dieser Vermuthung sei aber noch eine zweite zugesellt, die den gegentheiligen Gedanken zum Ausgangspunkte hat nämlich: et hoc non tantum all., quod ait... sed etiam ut.

ib. 10 im Lemma ist nach dem vorhergehenden reis offenbar ausgefallen purpureis vielleicht auch noch ales vor oloribus. Dann heisst es: poetae adsuerunt et Vergilius; hier schr. entweder (adsuerût) ut et Verg. oder blos ut Verg.

2, 10 st. hic vermuthe ich in his; ebenso statt nouas nicht blos et nouas wie Meyer, sondern et nouis uerbis nouas.

ib. 11 nach dem Lemma ist auch hier lege solutis zu wiederholen und dann wohl auch nicht ad voluptatem sondern eher ad voluntatem zu schreiben; er macht sich das Metrum wie er eben will; das aber zu welchem er sich entschlossen (quem sibi initio ᾠδῆς statuit ordinem) von dem darf er nicht abweichen.

ib. 25. heisst es: cycnum autem eundem appellat a suauitate carminum u. zu v. 27: Pindarum propter sublimitatem et suauitatem carminis cycno comparauit. Das stimmt für's erste nicht miteinander und für's zweite nicht zu der Erklärung des Porph.: per quod significat parua quidem et humilia se scribere, sed subtilia et dulcia. Dem parua et humilia entspricht nun ganz genau sublimitatem bei Pindar; aber dem subtilia et dulcia nicht suauitatem. Daher glaube ich, ist suauitas an beiden Stellen unrichtig (darauf deutet auch die Begründung an ersterer Stelle quia et cycni canori esse dicuntur) und an beiden Stellen entweder blos sublimitatem oder sublimitatem et grauitatem zu schreiben.

ib. 42 möchte ich schreiben ut ‹unde› intellegas.

4, 1 sind die Eingangsworte: Hæc ᾠδὴ ad Drusum zu streichen.

ib. 18 dass ipsos in dem nom. c. inf. nicht stehen könne ist klar und Meyer hätte ipsi gleich in den Text aufnehmen können; möglich aber auch, dass neben dem frühern dicuntur hier ein neues verbum actiuum ausfiel etwa ferunt vor usum oder notum est vor dem nec des folg. Lemma.

em Lemma ist auch hier flumen zu wiederholen; uch nach sed ausgefallen a, wie es Od. I, 31, 18: ab eo quod est Lato figuratum est."
 laus bellica dicitur fortassis quod adorandi ii. Das scheint mir denn doch etwas stark, dass adorea von adorare wenn auch mit einem for- ierleiten sollte. Ich glaube vielmehr, dass zu ändern donandi sint (viell. auch donati sint.) Vgl. riech. Etym. S. 236.
enis des cod. M st. der Vulg. a Poenis steckt wol ënis.
die Worte sed ea tantum im cod. M; wie aber ausgefallen ist schwer abzusehen; ich halte, bis s gefunden ist, an einer früheren Vermuthung fest, quæ tamen sola, quod von Porph. geschrie- r.
compedê (also accus.) halte ich auch heute noch tt grata compede.
vor phrasis wieder auszuwerfen.
icit hat cod. M dicens; dies beibehaltend schreibe genden: si adtuleris «*inquit*» unguentum (denn iel leicht von unguêt. aus).
Vulg. maiora sperare; cod M. maiorare sperare; hreibt Meyer: „maiora se?" Wie wäre es, wenn wir der bei Porph. beliebten Verbindung: maior ab statt quam (vgl. die Stellen im Index bei Meyer) ein weiteres Beispiel hätten, Porph. also geschrie- aiora a re oder a se? (Nicht verschweigen will ich, früher auch öfter an maiora aspirare gedacht.)
rentis. scilihet Cupidinem ist doch wol aus dem ipido scilicet hier mit sammt dem Eingange des wiederholt.
l. zu schreiben: non T. p. fl. orti. Hoc est hostes; t Scythas significat.

Liber epodon.

meine Vermuthung theilweise mit Meyers Vorschlag en; ich glaube nämlich Porph. schrieb so: melius ic loqueretur: quibus te superstite uita iu- est, si contra sit, grauis. Est ergo verbum ohne weiteres für unecht halten. Vielmehr ist est ordo etc. ausgefallen, und dafür spräche lich ungewöhnliche Wortstellung; oder nach zu schreiben: Extrinsecus hic accipiendu diendum laturi sumus i. e. feremus. Da sus autem est hic: etc.

2, 54 möchte ich den Schlusssatz: Jonicus uero dictus ... Ephesus des Porph. unwürdig eracl

3, 7 similia adfingunt cod. M. und so Mey hat similia nomina adfingunt. Ich kann mich m similia noch immer nicht befreunden; und doch auch wol aus dem viel frühern nomine holen. Ich glaube daher, dass nicht nur der Vulgata richtig sondern sogar zu schre der Hand des Com. Cruq.): similia propri Von milia gerieth der Abschreiber auf mina, die namentlich in diesem Theile der Epode neglegentia scriptoris (vgl. adn. crit. bei Me 47, 49, 50, 67 u. s. w.)

ib. 9 qui (tauri) iussu regis subiciendi eran pellem auream accipere; das bei Acron st halte ich für unerlässlich; es konnte sowohl vor subiciendi leicht in Wegfall gerathen; m dass Porph. schrieb sub iugum subiciendi.

ib. 19 hier hat cod. M.: cui uelit iocos suos co esse uult. Hier werfen die Herausg. auch einfach aus. Sollte nicht vielmehr uult rich uelit iocos aus uel iocos entstanden sein?

4, 1 Ich halte die Interpunktion der Vulgata auch für richtiger; nur schreibe ich gerenti (dat.) pejus hatte ihn als Flottencommandant im Augustus; so ist gleich angegeben, unter wess mando er anfangs stand, was bei abl. geren Fall wäre, sondern erst aus dem Folg. ersichtl

ib. 7 am Schlusse dieses Scholions ist autem nach sicht ein Beweis, dass etwas ausgefallen, etwa est cum sex ulnarum toga. hanc autem ohne weiteres beizustimmen, wenn man nicht aut als fälschlich wiederholt aus (h)anc anzu es dann nothwendig zu autem wurde. Ber ist aber, dass sich gleich darauf im folg. Scho autem in gleich falscher Weise wiederholt, was auch Meyer entgieng, obwohl ich in meiner Ausg. schon darauf hingewiesen. Es heisst dort: sectus flagellis hic triumuiralibus: triumuiralibus autem quod dixerit etc. Hier konnte aber autem nicht aus dem vorhergehenden Worte auch nicht aus dem folg. entstehen; daher eine Lücke zweifellos, die Ausfüllung derselben weniger. Viell. ist aus Com. Cruq. (und Acron) einzuschieben: sectus *«i. e. grauiter cæsus, ut Iuuenalis: Secat ille flagellis.»* Triumuiralibus autem etc. Oder aus dems. Com. Cruq.: haec quasi indignantis populi uerba sunt in Menam.

5, 15 breues uiperæ perpetuo *ἐπιθέτῳ* dicuntur; sic enim sunt. Die letzten drei Worte sind eine fremde u. zu alberne Zuthat, womit ein sciolus das perpetuo *ἐπιθ.* erklären zu müssen glaubte.

ib. 39 nach dem Lemma sagt Meyer in der adn. crit.: „intellegendum uidetur iunge uel ordo est: fixæ cibo.“ Genauer auch hier: (pupulæ:) ordo est: pupulæ fixæ cibo (aberratio oculorum von einem pupulæ zum andern).

ib. 43 Ich möchte den einfachen gen. der Eigenschaft (ohne hominibus oder dgl.) nicht so mir nichts dir nichts acceptiren neben dem adj. otiosis, vielmehr vermuthen, dass zu schreiben: uitæ quietioris *«appetentibus» aptissimus*.

ib. 65 ist wol gerade wie v. 89 zu schr.: tabo autem nunc ueneno *«significat»*.

ib. 71 heisst es nach dem Lemma: Hoc est quod ingemuit, quod etc. Ich gestehe offen, dass mir das unverständlich ist; vielleicht ist hier vor hoc das griechische Wort *ἐνεργόν* ausgefallen (auch statt des ersten quod zu schr.: quia woraus im cod. M wurde quid).

6, 14 schreibe: aut acer hostis Bupalo. *«Bupalo»* aeque datiuus casus est. Hipponacta etc.

7, 1 zwischen conditi und enses scheint entw. i. e. od. dicit ausgefallen.

8, 9 das esse nach pedes ist wohl auszuwerfen. Was das signate betrifft so ist es nicht unmöglich, dass auch dieses Wort hier wie an den beiden andern Stellen (s. Ind. bei Meyer) das ursprüngliche griechische *δεικτικῶς* verdrängt hat.

9, 3 ist nach dem Lemma offenbar wieder eine Lücke; oder wovon soll ut abhängen? Doch wohl nicht von dem sic Joui gratum des Lemma? Vielleicht schrieb Porph.: sic Joui gratum scilicet ut nos; dann erklärt sich in dem Satze mit quippe das Fehlen des von Meyer ergänzten Juppiter von selbst.

ib. 11 heisst es nach cod. M.: mentione facta S. eius referat. sed id quod coeperat exa pitudinem; quæ Antonii partiumque eius fi hat referens id q. c. exsequitur: tu partiumque eius. Meyer will: refert se coeperat et exsequitur t. q. A. p. e. fuit. Icl eius ist nur ut (in Folge des -us) ausgefallen eius «ut» referat se ad id, quod coeperat

ib. 25 hier ist wieder das sagum nach dem Lemme graphie entstanden.

10, 19 hier ist wiederum derselbe Fall, wie Epod. 4 weist das autem auf eine Lücke hin; es dü lich der Text so gelautet haben: ruperit. «« *Jonius sinus* ... *ruperit*» udo autem Noto war das doppelte ruperit Schuld an dem Au

11, 7 mit Recht sagt hier Meyer in der adn. crit.: tum (=per parenthesin inlatum) und ich glau Stelle auch zu denen zu zählen, von welchen sagt: his locis, id quod sæpe euenit, græco uerbo pretatio restitit" u. dass das griech. διὰ παρεὸν. h

ib. 10 hat M quam; Meyer macht daraus quonian näher liegt, dass aus quia und dem folg. in dann daraus quam.

ib. 11 quod candor animi mei et h. s. sine dati tiæ haberet apud auaram puellam. So sine diuitiis; näher der hdschr. Lesart, die lateinisch halte, käme donis.

ib. 19 nach palam ist ausgefallen laudaueram, wei teres erklärt wird.

ib. 22 fehlt zu solent der infin. im cod. M. im (corum castigare; Vulg. am. reprehend Cruq. redarguere; Meyer endlich schreibt „ codicis Schæftlarn.": accusare. Darnach sch schon frühzeitig gefehlt zu haben und wurd kührlich ergänzt; ich möchte dem redargue Cruq. den Vorzug geben, nur denke ich ge Rande einst an die verkehrte Stelle, und sta hinter libere, (nach welchem es um so leichte statt b wie oft geschrieben war v od. u also

12, 23 sollte hier nicht statt des unstatthaften festi sein festinasse?

13, 6 fehlt in M das dicit der Vulgata; vielleicht i eher ait ausgefallen; jedenfalls ist Manlio zu bei Horaz nicht steht u. nur aus der vorherig wiederholt ist.

ib. 9 weil in M steht fides Cyllenæa, so möchte ich nach dem Lemma den Nominativ wiederholen.

14, 13 schr. nec inmerito «*vita*» dicitur.

17, 7 hier schreibe ich zunächst retro solue idem est (idèest), quod; dann heisst es in M: quod urcbius dicimus, woraus Hauthal crebrius ändert, dem Meyer folgt. Ich glaube die Buchstaben u und b sind (wie im cod. oft) verwechselt und Porph. schrieb breuius; vgl. unter Andern Epist I 7, 30: basi statt uasi; endlich ist sicher (wie ich schon in meiner Ausg. that) nach cito ein Punkt zu setzen nicht nach solue. Denn solue turbinem wird zuletzt erklärt nicht das turbinem, nämlich mit: quasi obligauerit.

ib. 8 sollte man nicht st. nota autem historia est das in M stehende notum beibehalten können?

ib. 14 hat M: Ulixi während s am Ende von zweiter Hand erst hinzugefügt ist; daher ist wohl zu schreiben Ulixei.

ib, 20 heisst es:-sed et hoc (näml. amata nautis) urbanissima contumelia dicitur, quasi sub illa laude, quod adeo pulchra sit, ut a multis ametur. Ich gestehe offen, dass ich den Sinn dieser Worte nicht verstehe bes. das sub illa laude und das a multis; wo soll denn da die urbanissima contumelia stecken? Ich vermuthe etwa: quasi sit illi laudi, quod adeo pulchra sit ut a nautis ametur.

ib. 28 Sabella autem carmina pro Marsis posuit. Wie Sabella erklärt werden soll durch Marsis ist mir abermals ein Räthsel. Sollte nicht der Schlüssel zur richtigen Lesart in dem Schol. zu Epist. II, 2, 208 liegen, wo es heisst: „dicit sagas mulieres magicarum rerum et carminum scias“ und st. marsis zu schreiben sein magicis?

ib. 36 nach dem Lemma ist wiederum offenbar stipendium vor dem ersten Worte des Schol. ausgefallen, wenigstens wäre im anderen Falle das Schol. mit quasi zu beginnen).

ib. 46 heisst es in M: urbanissime obscure dicitur ironia; die Vulg. urbanissima obcure (so auch Meyer) oder urbanissime obscura. Viell. ist zu schr: urbanissime obscoena dicit per ironiam od. ironia.

ib. 48 hat M cinereliquiarum, die Vulg.: cineres reliquiarum, Meyer: cinerum reliquias. Ich stelle auch meine Vermuthung zur Erwägung: pulueres: (dies aus dem Lemma wiederholt) cineres; et reliquias nunc uult intellegi.

ib. 56 hat M. ut omnes amores ludat; Meyer: et omnes amore ludat; ich vermuthete einst: et omnes amor eludat.

b 75 insolentiæ ist nach dem Lemma zu wiederholen.

ib. 81 soll es wol richtiger heissen: lunam cælo deuocare (statt euocare) ebenso ist das folg. per hos entweder als sinnstörend auszuwerfen oder höchstens in præter hoc od. haec (hec) zu ändern.

Carmen saeculare.

2, 17 Abgesehen davon, dass im Lemma herzustellen wäre: **d. s. i. f. p. q. i. n. f.** (wie ja das folg. zeigt), kann ich mir kaum denken, dass Porph. das prolis nouæ zu subolem(!) gezogen haben sollte; das wäre allerdings eine sehr „implicata phrasis". Ich denke aber er hat dies mit Rücksicht auf die letzten Worte der Strophe gesagt und prolis nouœ stand einmal am Rande und gerieth dann hinter subolem statt hinter feraci.

ib. 40 ich glaube noch immer dass nach **oc** (in hoc) **a** weggefallen und dass nicht orta wie Meyer annimmt ausgefallen (denn dieser Ausfall wäre nicht leicht zu erklären) sondern originem duxisse (das fiel in bekannter Weise nach Anchise aus); endlich wäre denn doch auch existimantur, wie M hat, möglich zu Julia gens (constructio *κατὰ σύνεσιν*).

Sermonum liber I.

1, 13 ist wieder nach dem Lemma zu wiederholen: loquacem Fabium quod etc.; wenigstens ist das leichter, als quod auszuwerfen, von dem nicht abzusehen, wie es hierher gekommen.

ib. 20 kann ich die Worte: nulla causa est nec ratio querellis quominus illis Juppiter sit iratus nicht für porphyrionisch halten; es kann doch nicht querellis von causa est und illis von iratus abhängen, und im andern Falle, wenn querellis illis zusammengehört, ist die Trennung durch quominus doch zu geschraubt. Ich denke querellis ist ein schlechtes interpretamentum zu illis und gerieth noch dazu, nachdem es ursprünglich wol über illis gestanden, nachher an die verkehrte Stelle; oder aber, was mir weniger wahrscheinlich, es ist zu schr.: quominus querellis illis (od. querentibus illis oder blos querentibus).

ib. 41 Hier möge im Vorbeigehen bemerkt sein, dass die im cod. M unten am Rande nachgetragenen 8 Zeilen ein treffendes Beispiel liefern für die incuria und neglegentia eius qui codicem scripsit; war er doch ursprünglich von dem ersten Sensus est auf das 8 Zeilen spätere sensus est gerathen; diesmal entdeckte er den Fehler noch rechtzeitig, in zahlreichen andern Fällen dagegen nicht.

ib. 56 steht in cod. M: per alleg. diligentissime hoc dictum est eos, qui etc.; offenbar passt eos nicht in die Construction; Meyer hat in eos; in meiner Ausgabe hatte ich eos eingeklammert; letzteres als aus est dittographirt gilt mir auch jetzt noch wahrscheinlicher als der Ausfall des in; möglich auch das zu schreiben: dictum est: (scilicet was auch wegbleiben kann) eis, qui... adpetant, cum....possint sufficere, plerumque ipsam adquirendi cupiditatem tristis (aus cupiditateillis) causam exitii esse.

ib. 108 das in cod. M stehende a quibus in ab aliis zu verwandeln, wie Meyer thut, halte ich denn doch für etwas zu gewagt; desshalb hatte ich schon in meiner Ausgabe lieber autem eingeklammert. Ein späterer Versuch möge hier seine Stelle finden: recurrit, cum coeperit (ante, was übrigens auch wegbleiben kann, wie zum Theil in d. Vulg.) dicere nullum hominum statu r. s. g. et laudari diversa; a quibus dissentire tamen auarum, ut qui p. s. g. solus.

2, 1 heisst es: quibus (ambubaiis) nomen hoc causa nanorum.. uerborum uidetur esse inditum; aber cod. M hat casu; Meyer schlägt in der adn. crit. vor: ab usu; ähnlich dieser ist meine frühere Vermuthung ob usum, welcher ich jetzt vorziehen möchte: **a** (was nach **oc** fortfiel) câſu d. i. câtu d. i. cantu.

ib. 9 ist jedenfalls wieder zu schr.: obsonia nummis. «*conductus nummis*» fænore etc.

ib. 25 maltha enim *μαλακός* dicitur. Diese Worte scheinen mir lückenhaft. Viell. schrieb Porph.: „a maltha enim «*μαλθακός qui mollis est seu*» *μαλακός* dicitur."

ib. 111 in dem cupiditibus des cod. M steckt das Horazische cupidinibus nicht cupiditatibus. — Nach possit, sagt Meyer: „quædam deesse uidentur." Jedenfalls, glaube ich, und es sei zugleich gestattet die Ausfüllung der Lücke zu versuchen; ich vermuthe nämlich im Anschluss an satius so: sustinere non possit, quam quaerere quo carere magis prodest? (quâ fiel vor qua und quocarere nach quaerere leicht aus). Dann heisst es weiter: negari autem sibi homo prudens ea tantum † sine quibus... summoueat; die Vulg. hat: ea tantum (non) aegre fert, sine quibus etc.; Meyer schlägt vor: tantum «non» sinet, quibus.... summoueat. Hierin will der Begriff des sinere nicht passen; ich dachte (im Anschluss an die kurz vorhergehenden Worte) an: tantum «non sus» — tinet, viell. aber auch ea tantum «sine querella non fert» sine quibus f. ac sitim frigusque «non» summoueat.

ib. 123 heisst es: quae simpliciter agat, nec proceritatem sibi staturae aut fucis colorem mentiatur; hier vermisse ich zu proceritatem staturæ entschieden das dem fucis (zu colorem) entsprechende Mittel; Com. Cruq. hat daher sehr richtig suppositis crepidis wenigstens dem Sinne nach; nur ist nicht abzustehen, wie die Worte bei Porph. in Wegfall gerathen konnten; auf den ersten Blick wäre dies ersichtlich wenn Porph. geschrieben hätte: auctis crepidis aut (fucis etc.)

3, 6 heisst es: mala autem apud ueteres inter cetera secundæ mensæ offerebant. Sollte hier nicht das im Com. Cruq. stehende bellaria nach cetera ausgefallen u. an seine Stelle der Erklärung secundae mensæ getreten sein? Heisst es doch auch bei Gellius XIII, 11: significat id uocabulum omne mensae secundae genus. — In dems. Schol. ist das aut wol nicht einfach ait sond. ait ut.

ib. 9 ist gewiss richtig e „currebat" „currit„ adsumendum est; Letzteres auch schon Petschenig Klagenf. Progr. S. 26.

ib. 25 ich kann mir nicht denken, das Porph. geschrieben: quare ad amicorum perspicienda uitia tam acute perspicis, quam aut aquila etc. sondern glaube, dass das ursprüngliche cernis durch perspicis verdrängt wurde. Dann folgt ja auch: aquilam autem tam acute cernere aiunt, ut etc.

ib. 51 Was soll hier die Frage: cur hic simplicem dixit qui....pronuntiet? Ich zweifle keinen Augenblick, dass cur zu dem vorhergehenden Worte dicunt ursprünglich gehörte und dieses zusammen dicuntur war.

ib. 90 heisst im cod. M: aiunt **E. h. c. a.** pl. statuarum † quare Marco Antonio ab Athenis Alexandriam transtulissse; inde etc. Meyer vermuthet in der adn. crit. st. quare entw. quaerente od. auctore und schiebt nach Athenis ein: se. Vielleicht kommt folgende Vermuthung der ursprüngl. Fassung der Stelle näher: aiunt Euandrum hunc cælatorem ac plasten statuarum (quû se also) quum se Marco Antonio «auctore» ab

Athenis Alexandriam transtulisset, inde etc. (autore fiel durch das ähnliche antoni leicht fort).

ib. 92 schien mir längst im Lemma noch in parte catini mit ausgefallen; von diesem in gerieth der Schreiber auf das folg. in (mea parte); ich schrieb daher: «*in parte catini*» Ordo est: quia pullum ante positum in mea parte c. sust. Aehnlich Meyer, nur dass er ein dopp. pullum als Quelle des Irrthums ansieht. Das Resultat ist in beiden Fällen dasselbe.

ib.130 ad tantum peruenit so M; ad tantum dignitatis die Vulg.; ich möchte nicht glauben, dass Porph. blos ad tantum peruenit schrieb und vermuthe, dass ein Subst. in der That ausgefallen etwa ad tantam auctoritatem (od. dignitatem).

ib.137 Zu der von Meyer mit einem Fragezeichen in der adn. crit. aufgestellten Vermuthung probes st. probent, die unbedingt das Richtige trifft, vgl. Com. Cruq.: regem te esse probare non poteris.

4, 71 hat d. Vulg.: armaria quae apud pilas sunt, ne in; dagegen cod. M. blos: armaria sunt in, letzteres allerdings sinnlos; Meyer ändert sunt in ne, etwas unwahrscheinlich; ich glaube nicht zu irren, wenn ich in sunt vermuthe scl ne.

ib. 74 ist nicht nur sed dicis aus sidicis entstanden, wie auch Meyer in der adn. crit. vermuthet, sondern auch das in, wie mir scheinen will, aus dem i in gloriari und dem u in uersibus.

ib.126 obseruantius secum agunt; cod. M hat obseruantium das ist obseruantiam, wie Petschenig S. 348 richtig ändert.

ib.133 quaerere quid ipse sequi imitarique debeat. Ich halte das imitarique neben sequi für verderbt; ich erwarte einen Gegensatz zu sequi nicht ein Synonymum und glaube Porph. hat entw. quaerere quid ipse sequi uitareque od. sequi uitare quid debeat geschrieben.

ib.138 urbanissime iterum adponit poemata scribere. Auch diese Worte finde ich unverständlich; oder was soll denn das heissen iterum adponit? doch wol nicht: „führt er wieder an"? Auch hier glaube ich an eine Lücke die etwa so auszufüllen wäre: urbanissime iterum «*inter uitia*» ponit.

5, 5 heisst es: altius... praecinctis i. e. expeditius et agilius; ob diese beiden Adverbia mit praecinctis verbunden werden können bezweifle ich ebenso wie die Möglichkeit, dass Porph. altius durch dieselben je erklärt hätte. Ich denke, es ist eine leichte Aenderung nöthig, nämlich: expeditis et agilibus viell. gar, wie es im vorhergehenden Schol. heisst: expeditioribus et agilioribus.

ib. 13 Da cod. M hier hat poss& nicht possent so möchte ich, wenngleich posset die Entstehung des Fehlers nahe legen würde, dennoch an einen solchen nicht glauben sondern schr.: iri posset. Dann heisst es weiter: itaque nauem conscendere solitos, quam jumentum aliquod duceret; hier hat cod. M conducere; die Vulg. conduceret; Meyer schreibt eben duceret. Hiebei bliebe aber die Entstehungsweise des con ebenso räthselhaft, als der Ausdruck nauem conducere st. ducere zweifelhaft. Auch hier ist wieder eine kleine Lücke durch den Schreiber entstanden und zu schreiben: quam jumentum aliquod *«conductum»* duceret. Für solche Zwecke wurden jumenta (wie noch heute) gemiethet.

ib. 25 Meyer will mit Recht schreiben: et sunt adhuc st. ut s. a. Weiter halte ich aber auch die Worte in monte sed et murorum für entstellt; das sed nämlich, glaube ich, ist aus d. vorhergeh. te und et entstanden und auszuwerfen.

ib. 26 ergo a calce uidetur candida dixisse. Horaz? Nicht doch; der sagt ja saxis late candentibus. Somit scheint zu schreiben: candentia (woraus candetia, dann candida).

ib. 66 hier ist wol kein Zweifel, dass in dem dominus esse des. cod. M. nicht dominae ius sondern domini ius stecke, zumal im Schol. selbst es heisst: nullum praeiudicium dominum passum. Meyer setzt es in die adn. crit. mit einen Fragezeichen. Selbst im Horaztexte möchte ich domini st. dominae haben, wohin sich, wie ich jetzt sehe, auch A. Holder neigt.

ib. 98 heisst es: quod tamen se coram non euenisse nosset, ideo etc.; ich halte den Conj. nosset an sich sowol als das Tempus für verkehrt (vgl. das vorhergehende sit). Daher kann ich mich auch nicht mit Meyers uenisset et ideo einverstanden erklären. Sollte nicht nosse aus-nisse falsch dittographirt, also einfach zu schreiben sein: quod tamen se coram non euenisse. Et ideo? — Auch im Vorhergehenden will das lignis extinctis positis mit den zwei Particip. verdächtig erscheinen. M. hat sogar extinctisq.; wenn Meyer in der adn. crit. an conpositis denkt, so ist, scheint es, damit wenig gewonnen; warum soll denn grade gelöschtes Holz hier genannt sein? Ich suche daher den Fehler in extinctisq. und vermuthe: lignis turibusque positis (od. lignis et turibus positis; ausserdem dürfte auch nach gliscere ausgefallen sein et tura liquescere, denn von letzterem gerade ist bei Horaz die Rede.

ib. 104 was soll hier das: jucunde satis? Soll es hier auch = ualde sein? dann ist die Stellung auffallend; denn Serm. I, 9, 23 ist die Sache doch etwas anders; da ist satis zwischen zwei Adject. gestellt. Ich dachte erst an iucunditatis; aber von iucunditas ist nicht die Rede sondern nur chartaeque uiaeque est; jetzt möchte ich glauben, dass es aus iucundeorati entstanden und zu schreiben sei: iucunde Horatius.

6, 1 Lydi quondam profecti incoluere Etruriam. Hier will das absolut gebrauchte profecti (= auswandern) nicht lateinisch scheinen. Das mochte Fabricius veranlassen Lydia zu schreiben, was übrigens auch im Com. Cruq. steht; jedenfalls möchte ich dies eher acceptiren als das absolute profecti; vielleicht ist aber ex Asia ausgefallen.

ib. 10 hat M: cum memoria illorum apud humililatem nulla sit; die Vulg. hat propter st. apud; Meyer schreibt ob humilitatem; beide dem Sinne nach richtig; aber wie entstand denn apud? Sollte nicht Porph. geschrieben haben: cum memoria illorum apud *«homines ob»* humilitatem nulla sit?

ib. 12 heisst es: periphrasin (nämlich Valeri genus st. Valerius) autem necessario fecit, sicut Lucilius cum dicit Valeri sententia dia, quia scilicet etc. Wo ist denn da in den Worten des Lucilius eine periphrasis? Offenbar nirgends; daher sie hier unmöglich ihren Platz haben könnten. Das einzige, was des Lucilius Worte belegen können, ist die apocope in Valeri st. Valerii. Daher ist anzunehmen, dass diese Worte (wie so oft in M) ihre Stelle gewechselt und das Schol. etwa so zu fassen ist: contra L. Valeri genus. *«Valeri genus»* id est *«Valerii genus per apocopen, sicut Lucilius cum dicit: »Valeri sententia dia«; est autem»* Valerius Laeuinus . . . habens; necess . . . fecit, quia etc.

ib. 17 ist st. contemtu ignobilium doch wol nothwendig *«cum»* contemtu ign.? Ebenso kann im Schol. zu uess. 47 zu non potuit doch wol nicht qui Subj. sein; daher ist zu schreiben nemo st. non.

ib. 65 ist zunächst zu schreiben esse *«cn se»* nonulla uitia (od. nonnulla *«in se»* u.); dann aber bezweifle ich, ob man sagen könne: sed iam dudum bene est = unserm „aber es ist schon längst (lange) gut, wenn“. Sollte nicht Porph. geschrieben haben sed iam actum bene est, si (od. bess. sit) etc.

ib. 69 heisst es in M: illud nobis curandum est, ne probra, quae in nos dicuntur alioquin dicantur in nostra non est potestate. Die Vulg. hat alioqui quin dicantur; Meyer in der adn. crit. vermuthet: alia quin d. Wie wäre es wenn in dicunturalio steckte: dicuntur, Falso quin dicantur (Gegstz. uere).

ib.113 nach fallacem ist im Schol. handgreiflich wieder eine Lücke, die aber mit dem einfachen circum schwerlich schon gefüllt ist. Wie das Ganze gelautet, ist schwer zu sagen. Legt man Com Cruq. zu Grunde, so wäre etwa folgendes nicht unmöglich: fallacem *«circum uel propter sortileges dicit qui ad metas spectatores circumstabant et imperitos sortibus et nugis fallebant uel propter incertos circenses euentus»* uel pertinumque forum etc. [Circum fiel nach dem-cem in fallacem leicht fort und von uel gerieth der Abschr. auf uel (pert.); natürlich will obiger Ausfüllungsversuch weiter nichts sein als ein Versuch].

ib.118 Campanam supellectilem intellegi uult quia Capuae hodie aerea uasa studiosius fabricari dicuntur. So auch Meyer, nur vermuthet er in der adn. crit. hodieque ea. Damit, glaube ich, ist der Stelle noch lange nicht geholfen. Erstens vermisse ich zu Campanam sup. den zweiten Accus. und der ist ohne Zweifel fictilem, was nach -lectilem wieder ausfiel. Weiter aber ist statt Capuae hodieq aerea zu schreiben: et hodie ex argilla uasa etc.

ib.128 das otior, welches in M vor otium steht und hier von Meyer mit Recht eingeklammert ist, gehört an die Spitze: domesticus otior. *«Otior»* uerbum etc.

7, 19 et cum eodem tempore mulier quae VII extulerat nuberet ei qui uxores VII amiserat; hier dürfte das dem uxores entsprechende Substant. vor VI fehlen und zwar viros, wo es augenscheinlich durch Nachlässigkeit leicht ausfiel.

8, 11 möchte ich schreiben: item singularibus plerumque litteris notari solet *«hoc in monimentis»*: **H. M. H. N. S.** i. e. **Hoc** monimentum etc.

ib. 23 heisst es am Schlusse: ut maxime in epodo carmine. An dem in epodo carmine stösst sich auch Meyer und sagt in der adn. crit.: „epodon?“ Ich halte carmine für eine spätere Zuthat zu epodo, das ganze Citat aber für zu allgemein, wesshalb ich glauben möchte dass nach maxime ausgefallen XVII. in epodo od. in V. et

XVII. opodo (der Ausgang — xime und das ähnliche XVII war Schuld an dem Verderbniss).

ib. 25 Die Vulg. hat libertam Pompeii senatoris; cod. M.: Pompei sagana senatoris. Nun ist es leicht möglich, dass dieses sagana aus dem vorhergehenden sagana hier wiederholt wurde; wie aber libertam ausgefallen, ist schwerer abzusehen. Sollte vielleicht diese Sagana eine saga (Kupplerin) des Pompeius gewesen sein?

ib. 39 et indulgentia parentum mollis enaserat, ut; die Beiordnung durch et kann ich unmöglich für echt halten; auf diese Weise würde die frühere Charakteristik nur verblassen; ich glaube diese Worte enthalten die Angabe, wie es gekommen, dass Pediatius so tief sank, nämlich von der verweichlichten Erziehung seitens der Eltern. Daher vermuthe ich: et *«enim»* indulgentia etc.; es ist ausserdem nach parentum ausgefallen tam, wie auch Meyer in der adn. crit. bemerkt.

ib. 49 uideres uerbum reuocandum ad id quod dixerat excidere. Der cod. M. hat: uideris uerbis; darin scheint nicht sowol uideres uerbum als vielmehr „*'uideres'*" ex his uerbis reuocandum ad id etc.

9, 2 ist zunächst das im Schol. erklärte nugarum anzufügen; dann ist, wie auch Meyer in der adn. crit. vermuthet, st. risus zu schreiben lusus.

ib. 11 fehlen nach dicit im cod. M. die Worte adeo liberum; wie diese aber ausgefallen ist nicht abzusehen; ich glaube, dass auch bei Porph. wie bei Acron das griech. Wort ὀξύχολον stand und zu schreiben sei dicit ita ὀξύχολον, ut etc.

ib. 29 sibi dicit Horatius conficere fatum. Dass diese Worte so nicht von Porph. herrühren, fühlte auch ganz richtig Meyer, der daher in der adn. crit. vermuthet: confici triste; da aber auch im cod. M. st. fatum steht natum, so möchte ich glauben dass zu schreiben sei: confici re uera fatum. Dieses re uera kehrt bei Porph. oft wieder; vgl. den index bei Meyer.

ib. 35 hat cod. M sinnlos: emant nescio quomodo *THE. ΛΛΙΨ*ei Reilatione sui loca sacra, die Vulg.: amant nescio quomodo ἔκλειψιν in relatione loci sacri. Meyer lässt die Worte des cod. M. stehen offenbar, weil ihm eine Remedur für die schwierige Stelle nicht zur Hand war. Eine solche versucht Petschenig, der a. a. O. S. 343 von der meiner Ansicht nach richtigen Voraussetzung ausgehend, dass in dem verderbten Reilatione*) sui

*) Ursprünglich wol: detractione?

eine Uibersetzung des Griechischen vorliege, vermuthet: amant nescio quomodo *τὴν ἔλλειψιν* loca sacra. Es scheint indess nicht der acc. *τὴν ἔλλειψιν* sondern der dat. *τῇ ἐλλείψει* durch die Schriftzüge des cod. beglaubigt und das veranlasste mich zur Annahme, dass viell. in emant liege eminent. (Die loca sacra ragen, ich weiss nicht wie, durch *ἔλλειψις* vor andern hervor).

ib. 67 ist wol nicht dicit sondern dixit zu schreiben.

10, 1 sind entw. die Worte quam supra habuit zu streichen oder für quae ist zu schr. quaeque.

ib. 16 ist im Lemma hinzuzufügen nach est: «*hoc stabant,*» dann das Schol. selbst so zu beginnen: „*hoc*" *nunc positum est*» absolute. Von dem est des Lemma glitt der Blick des Schreibers auf das est nach positum.

ib. 21 heisst es: quine putetis. qui: „ne" adiectum, ut egone tune, abundat „ne" syllaba. Hier stosse ich mich an der Tautologie die in adjectum und abundat „ne" syllaba liegt; ebenso an dem nakten qui. Ich vermuthe: quine putetis. «*quine nunc idem est quod*» *qui*; „ne" *adjectum* ut «*in*» egone tune. Die Worte: abundat „ne" syllaba sind entweder eine spätere Zuthat oder man müsste wenigstens so interpungiren: „ne" adiectum; ut in egone tune abundat „ne" syllaba.

Im weiteren Verlaufe des Schol. ist aus dem verstümmelten Texte des cod. M.: esse rodiopo&ae. leonti nicht unwahrscheinlich, dass Rhodio «*poetae*» Pitholeonti zu schreiben, während poetae sonst fehlt.

ib. 24 Das ironiam dicit halte ich nicht für porphyrionisch, eine Ansicht, die auch Meyer zu theilen scheint, weil er in d. adn. crit. schreibt: „per ironiam?" Das per fiel aber hier nicht leicht aus; leichter jedenfalls ist's zu schreiben: ironice nunc (nc) dicit oder mit Verdoppelung des est, so: Falernist. est ironia. In letzterem Falle wäre — am dicit aus dem folg. namlicet dittographirt. Ersteres scheint mir aber wahrscheinlicher.

ib. 30 bilinguis ist im Lemma abermals vor dems. Worte des Schol. ausgefallen. Noch mehr: das folgende usi sunt hat kein Subjekt; wäre dieses „man" so müsste Canusii dastehen im andern Falle Canusini als plur. während es bei Horaz sing. ist. So steht denn auch wirklich in der edit. Mediol. und bei Fabricius Canusini usi sunt, viell. richtig; denn (ling) uacaûsiucusi konnte wohl zu (ling) uausi werden; eher aber möchte ich das Ganze als ursprünglich so vermuthen: Canusini more bilinguis. «*Canusinos bilingues*» dixit, weil der Ausfall hier ebenso leicht als im cod.

M. häufig ist. Denselben Vorgang setze ich z. B. gleich in dem Schol. zu v. 36 voraus, wo in den ersten Worten hexametris uersibus nimirum describit das Object zu describit fehlt. Fabricius scheint dies auch angenommen zu haben, denn in seiner Ausgabe steht: Cornelius Alpinus Memnona hexametris etc. Nahe der Wahrheit kam er damit, nur beanstände ich das Memnona describit; st. dessen vermuthe ich in Anlehnung an Com. Cruq.: «*Alpinus* (od. blos *hic* od. *Furius Bibuculus;* das Subj. ist schwerer zu bestimmen) *pugnam inter Achillem et Memnona*» hexametris uersibus nimirum describit..

ib. 37 Meyer schiebt hier vor ait als neues Lemma ein: „quae neque in aede sonent et reliqua." Auf diese Weise würden die Worte quae neque in aede sonent dreimal (!) im Lemma erscheinen. Ich glaube hier liegt vielmehr wieder eine turbatio scholiorum, wie so oft, vor. Ich schreibe: 37. haec ego ludo.] et supra diximus poetae uersus suos lusus dicere. — quae neque in aede sonent.] in aede Musarum, ubi poetae carmina sua recitabant. — Ait «*autem*» se id genus carminis etc. In letzterm kann übrigens auch autem wegbleiben. Möglich auch dass vor ait das Lemma certantia iudice Tarpa fehlt.

ib. 40 ist im Lemma nothwendig anzufügen et reliqua oder was nach — eta noch leichter wegfiel et cet.; ferner heisst es dort: epicum carmen ualidissime Varium molle uero ait et elegans Vergilium; hier möchte ich erstens nicht ualidissime sondern ualidissimū Varium (bei Horaz. forte epos acer ut nemo) und zweitens ait auswerfen oder durch atq. ersetzen, in welchem Falle dann et aus el(egans) wiederholt wäre.

ib. 51 Nach quaeso ist offenbar eine Lücke; ich hatte in meiner Ausgabe ausgefüllt: et reliqua. Ordo est. Meyer recipirt diese Worte mit dem Zusatze: nil comis tragici vor et reliqua, das ganze aber lässt er Lemma zu dem Scholion v. 53: „tragici Acci etc." sein, so dass das Scholion zu v. 51 ganz fehlen würde. Diese Ansicht theile ich jetzt auch, nur ist bei der Meyer'schen Constituirung so wenig wie bei meiner frühern abzustehen, was den Ausfall herbeigeführt. Es sei daher ein neuerlicher Versuch gestattet, und zwar an der Hand des Com. Cruq., der natürlich auch nur als solcher beurtheilt werden mag; denn Näheres wird sich ja in solchen desperaten Fällen nie nachweisen lascen. Wenn Porph. so geschrieben hätte: age quaeso tu] «*age i. e. dic obsecro. — nil comis tra-*

gici mutat Luc. Acci?] Ordo est: tragici Acci nihil etc., so wäre wenigstens der denkbare Fall gefunden, dass der Abschreiber von tuageie auf tragici abirrte.

ib. 63 aspere quasi tam uerbosa aut ita scripserit, ut. So Meyer, die Vulg. hat aut tam multa; der cod. M blos: aut ta (=tā); darnach konnte allerdings leicht multa wegfallen; aber ich glaube das liegt schon in uerbosa und es wird wol ein zweites Adj. ausgefallen sein, was auf den Inhalt der Gedichte Bezug nahm, wie Com. Cruq. sagt multos uersus parui momenti scribebat od. Acron: multos uersus . . . nullius utilitatis. Und da glaube ich, dass Porph. etwa geschrieben: aut tam trita.

Sermonum lib. II.

1, 1 Hic est Trebatius iuris peritus, qui locum obtinuit; so cod. M.; locum obtinuit inter poetas hat die Vulg. Meyer sagt in der adn. crit.: „cf. locum habere vel locum esse alicui" und will damit das nakte locum obtinere offenbar rechtfertigen. Es ist mir aber nicht gelungen ein Beispiel dafür zu finden; immer ist locum mit einem Pronomen in diesen Fällen verbunden, z. B. suum locum obtinere, eo loci procedere od. mit einem Adj. summum, magnum locum obt., od. mit einem Gen.: oratoris locum obtinere u. dgl. Ich muss daher vor der Hand das nakte locum obt. anzweifeln, und halte mindestens eine Umstellung für nöthig mit Einschiebung eines Pronomens, also: qui iuris peritus locum «suum» obtinuit; möglich auch dass blos summum nach locum ausfiel.

ib. 20 hier halte ich die Worte: id est in omni rerum studio hoc est omnia nouit für eine ebenso ungeschickte wie alberne Verwässerung des Scholions.

ib. 24 halte ich den Conj. fuisset für unhaltbar und schreibe fuit, wobei ich annehme dass der Silbe set aus dem folgenden statim reduplicirt ist. Will man das nicht, so müsste man mit Com. Cruq.: qui «cum» semel ebrius schreiben.

ib, 26 nam Castor et Pollux diuersa secuti utique communi omnium uarietate ducti sunt. Diese Worte kann ich nicht für genuin halten, noch weniger die Vulg. hominum st. omnium. Die Bedeutung des Beispiels von Castor und Pollux für das: quot homines tot sententiae, scheint mir gebieterisch st. utique zu erheischen et ipsi und da nicht non hominum uarietas die Rede so möchte ich glauben omnium sei aus communi wiederholt und das ursprüngliche studiorum ausgefallen.

ib. 29 verstehe ich das mei et tui nicht; oder sollte Porph. nostrum von melioris abhängig gemacht haben? Ich kann das nicht glauben und doch hätte mei et tui nur dann einen Sinn. Die Lesart des cod. M. „m&“ deutet denn doch auf me et te. Was wäre aber dann σόλοικον im Ausdruck? Offenbar das utroque nostrum st. nobis (ambobus). Indess kann ich hier irren; weniger wol in der Annahme, dass in den Schlussworten: sed sensu et ingenio melioris das sed wie weiter unten v. 48 so auch hier aus scil. d. i. scilicet entstanden, wobei es nebensächlich ist ob nach nobis auch melioris noch ausgefallen.

ib. 35 ist das Lemma nachlässig geschrieben st.: anceps nam V. arat fi. sub. ut. c. dann ist fortzufahren: anceps: non ego etc. Endlich wenn im cod. M. uenusinis steht, so ist dies beizubehalten und das s in Lucanis und Apulis zu streichen; in Lucanis rührt es von dem folg. sunt und in Apulis von dem folg. sed her.

ib. 42 möchte ich lieber st. id enim sehen: idem enim (em fiel vor eni aus und war ersteres per compendium geschrieben idê so fiel ê vor e aus.* Aehnlich glaube ich auch, dass v. 56 nicht: extinxit et est sensus sondern extinxit idê est sensus etc. zu schreiben ist.

ib. 69 wird populumque tributim erklärt mit: singulas tribus, quia de tribubus facta. Das heisst nun nichts; Meyer vermuthet in der adn. crit. st. facta: constat, etwas gewaltthätig wie mir scheint, auch dem Sinne nach wenig passend. Denn das populum arripere fand doch wol nicht tributim statt, weil es in tribus vertheilt war, sondern wol nur wenn es tribusweise sich vergangen (bei den Wahlen sich hatte bestechen, zur Sanktionirung von Gesetzen von den Tribunen sich hatte verleiten lassen etc.) Daher vermisse ich zu facta das Subjekt; viell.: flagitia facta; oder facta iniuria (in letztem Falle wäre iniuria vor dem folg. infra weggefallen).

ib. 79 Hier habe ich hic Trebatius in haec geändert und Meyer hat es aufgenommen. Vielleicht ist auch vor dif(fingere)

*) Die hier im Lemma stehende Form hau st. haut lässt mich hier die gelegentliche Notiz anbringen, dass ich in der viel verrufenen Stelle Epist. II, 1, 70 st. des humane commoda vor mehren Jahren dieses hau angenommen und hau sane vermuthet habe. Das wäre eigentlich den Schriftzügen nach kaum eine Aenderung und dem Sinne angemessen.

was auf Trebatius folgt, noch ait ausgefallen? Jedenfalls ist weiter zu schreiben: legitur *‹et›* diffindere possum. Vgl. Serm. II, 2, 50 uictor: legitur et auctor.

2, 11 ist nach dem Lemma graecari zu wiederholen wie 25: lagois; und im Schol. zum folgenden Verse die Vulg.: studium ipsum efficere, ne beizubehalten uud nicht mit Meyer in studii ipso effici ne zu ändern. Meyer hält, wie es scheint, dafür, dass effici, wie M hat, beibehalten werden müsse und dass das ebenfalls in M stehende studium ipsum erst enstanden, als aus effici ne geworden efficere ne. Ich halte aber (da im Horaz das Act.: studio fallente steht) für wahrscheinlicher, dass das effici ne aus efficerene (nach vorhergehendem Ausfall des re vor ne) enstanden.

ib. 48 figura nota apud Horatium transeundi ad aliam rem; da in cod. M steht transeundo so glaube ich sicher, dass nach Horatium ausfiel in (was ebenso leicht nach m als nach iû geschehen konnte).

ib. 50 cum repulsam praeturae tulisset; so Meyer; in praetura Vulg.; praeturam hat der cod. M., worin wie ich jetzt glaube steckt praetoriam; vgl. Cic. pro Planc. 21: repulsam aediliciam u. A.

ib. 64 wenn gleich die Worte: hac canis aiũnt hac lupus urguet auch in dieser Reihenfolge einen richtigen Vers ergeben, so sind sie wol kaum als Lemma zu betrachten, vielmehr mit Meyer anzunehmen, dass das Lemma und prouerbialiter oder (nach Com. Cruq. prouerbium) vor hac canis ausgefallen. Daher schreibe ich: *‹hac urguet lupus hac canis] prouerbium est›* *: hac canis [aiunt] hac lupus urguet. Der Schreiber fiel einmal wieder vom ersten hac auf das vorletzte, während aus dem anil das aiũt verdoppelt ist.

ib. 66 hat cod. M.: ME.CMN; Meyer schreibt *τῶν μέσων*; darnach wäre der Sinn: cultus gehört zu den *τὰ μέσα* = *ἀδιάφορα*; ich hatte vermuthet Porph. habe geschrieben: *τῶν μεσῶν λεξέων* d. i. zu den Wörtern, die bald im guten bald im bösen Sinn gebraucht werden, solche heissen nämlich bei den Grammatikern *αἱ μέσαι λέξεις* (in *ΤΩΝ ΜΕΣΩΝ ΛΕΧΕΩΝ*, fiel das letzte Wort leicht aus).

ib. 67 ist das zweite qui (ob cup.) gewiss aus quique (= et qui) entstanden.

---

* Möglich dass nach Com. Cruq. noch weiter ausfiel: ubi res duae nobis molestae inter se pugnant, und dass die Abirrung vom ersten hac aufs zweite, dann von hac canis auf hac canis stattfand.

ib. 70 ist nach dem Lemma wieder dubia zu wiederholen.

ib. 79 diuinae particulam aurae † te id est animum dicit; so Meyer nach cod. M; in der Vulg. fehlt: te id est. Vielleicht steckt in der verderbten Stelle folgendes: diu. part. aurae. «*auram aetheriam*» i. e. animum dicit; so würde auch die Stelle des Vergil passen mit ihrem aetherium und aurai.

ib. 82 hier klammert Meyer den Vergil. Vers: *ast ubi digressum siculae te admouerit (o.) V.* ein und sagt: „cum neque in (Aen. II) 410. uersu „quondam" sit et in 414. versu ad tempus praeteritum pertineat, haec uerba delenda uidendur". Ich glaube letzteres darum doch nicht, sondern ich glaube, dass dieser Vers zu einem neuen Schol. zu v. 83 und zwar zu den Worten: diem festum rediens *aduexerit* annus, gehörte, wobei es zweifelhaft bleibt, ob Porph. aduexerit mit admouerit erklären wollte, oder ob er vielleicht gar admouerit in seinem Horaztexte gefunden.

ib. 86 viell. delicias «*alias*» *adicere;* ebenso v. 99 «*pro*» publicis st. publicos posuerint.

ib.106 desit qdegentercpi. (sic.) contingere tibi non possit, so der cod. M; die Vulg.: desit, quod egente re publica etc. Da im cod. M. das **d** oben quer durchstrichen ist, so glaube ich, dass quod quidem (qdqdēegente) zu schreiben.

3, 25 nicht Coetco und coctiones, sondern da im ersten Falle **c** über dem **t** geschrieben und im zweiten blos **t**, so ist wenigstens cotio und cotiones, viell. auch (wenigstens im ersten Falle) die nach Corssen Ausspr. etc. I 37 einzig richtige Form cocio vertreten.

ib. 57 hält Petschenig Klag. Progr. S. 27. das handschriftliche si mit Recht fest und ändert accipi in accipis.

ib. 83 halte ich die letzten Worte: et est Propontidis insula für eine spätere Zuthat zumal insula schon vorausgeht.

ib. 84 testamento ita inscriberet, ut heredes sui sepulcro ejus insculperent etc. Wie man sich hier sui und eius reimen kann, weiss ich nicht, wenngleich mir nicht unbekannt ist ein gewisser freierer Gebrauch des Pronomens bei Porphyr. Aber hier kann ich mich doch nicht entschliessen diesen gelten zu lassen, glaube vielmehr dass ius aus dem folg. ins verdoppelt ist und dass dann mit dem vorhergehenden **o** daraus eius geworden.

ib.142 hier ist, wie das Schol. zeigt, das Lemma verstümmelt oder ausgefallen und zwar ist so herzustellen: «*Pauper Opimius argenti p. i. et auri*» Pauper Opimius sic dicitur «*ut*»:

„Magnas inter opes inops", et «pauper argenti» hac figura dictum est, qua diues opum pro „opibus".

ib.163 ist abermals zu ergänzen: morbo temptentur acuto. «morbus acutus» graece ὀξὺ πάθος.

ib.175 ändert Meyer aut — aut in tu — tu; ich würde das zweite aut beibehalten und st. des ersten tu aut schreiben oder aut — aut beibehalten.

ib.181 antiqui eos, quos in testimonium nolebant admitti intestabiles uocabant etc. So Meyer nach dem Auctar. Com. Cruq. und auch in meiner Ausgabe. Jetzt möchte ich aber doch das testamento des cod. M nicht aufgeben, sondern entweder schreiben: testes in testamento oder testamento testes nolebant admitti oder endlich in testamento nolebant admitti testes, intestabiles etc. Hiezu stimmt was Ulpian Dig. 28, 1, 18 sagt: si quis ob carmen famosum damnetur, senatus consulto expressum est, ut intestabilis sit, ergo nec testamentum facere possit nec ad testamentum adhiberi testis. Minder belangreich ist's, ob nicht weiter zu ändern sei: scilicet quod eorum st. quorum.

ib. 182 sollte nicht am Schlusse des Schol. zu schreiben sein: pauperes enim «tum» fuerunt?

ib. 187 hat cod. M.: dialogi confecit; die Vulg.: dialogum fecit od. confecit. Vielleicht ist zu schreiben dialogicon «sermonem» fecit. Ebenso weiter unten dogma autestoicorum d. i. dogma autem «est» Stoicorum.

ib. 212 subaudiendum: non est insanus. So auch Meyer. Da vorhergeht committis inanis so dürfte vielleicht zu schreiben sein: nonne es insanus?

ib. 222 schr. wieder: uitrea fama. «uitrea fama» aut etc.; auch 229: cum scurris fartor. «fartor» nunc auium etc.

ib. 228 ibi enim commanent. Tuscus dicitur etc. Statt commanent glaube ich ist mit Zuhilfenahme von -tus (in tuscus) zu schr. commorantur.

ib. 247 ist de amatoribus entweder zu streichen od. es ist ein Uiberbleibsel etwa des folg. Satzes: „hic incipit de amatoribus loqui" wie v. 281: hic incipit de superstitiosis et religiosis loqui. Wahrscheinlicher ist, dass es, zumal es im cod. M. an der verkehrten Stelle (v. 245) steht, als Randglosse, die zur Orientirung in der Gedankenreihe dienen sollte, in den Text gerieth.

ib. 281 vielleicht ist nach Com. Cruq. nicht et libertini sacerdotes sond. et ex libertinis s. zu schreiben.

4, 1 Der Eingangssatz ist unbedingt zu streichen.

ib. 29 scheint Vergilius zu streichen und nur aus dem folg. Breuelilium entstanden.

6, 12 will Meyer statt des sicher verderbten unde putant et schreiben: unde putant? eo quod; ich dachte einmal an: (uelit) id inde putantes quod.

Epistolarum liber primus.

1, 20 Das ut ist als aus dem vorhergehenden -ur entstanden zu streichen.

ib. 36 itaque decenter subicit 'ter pure lecto libello' uelut ad sacrificandum caste et lotis manibus accedendum putant. So Meyer, für mich unverständlich; ich glaube Porph. hat etwa so geschrieben: libello; uelut ad sacrificandum *«ad philosophiam»* caste etc. putat (so und nicht putant hat auch cod. M.)

ib. 53 die Schlussworte unus enim.... monere halte ich für eine alberne Zuthat.

2, 52 ist zu schreiben: *«ut lippum pictae»* tabulae fomenta podagrum. *«nam»* iuuant non sanant.

3, 1. Die Eingangsworte halte ich schon wegen des ähnlichen Inhaltes des Schol. ad v. 1. für unecht. Dann ist wol weiter zu schr.: Scriba fuit *«et»* saturarum scriptor.

5, 1 sollte hier nicht zu schr. sein: a Boeotia Boeotiacos?

ib. 3 uerum quod ait Tauro iterum consule diffusa, ostendit Tauro iterum consule lecta. Ich glaube kaum, dass Porph. diffusa erklärt haben sollte mit dem wesentlich verschiedenen lecta; denn legere uina ist doch etwas anderes als diffundere; ich denke Porph. schrieb refecta, wobei re durch das vorhergehende le verloren ging.

ib. 16 im Lemma ist zu schreiben dissignat, wie das Schol. beweisst; ebenso wie im folg. st. iudicor inuideor zu schreiben sein dürfte (wobei dem Porph. ars poet. v. 56 vorschweben mochte) nicht iubeor; das in fiel zunächst nach dem ut in sicut weg.

6, 1 Die Eingangsworte halte ich hier wieder für nicht porphyrionisch; ebensowenig die Form nullae, zumal bei dem Umstande, dass der Schreiber des cod. sehr oft gedankenlos die Endungen eng zusammenstehender Wörter übereinstimmt.

ib. 17 dass in den Worten: potest et ad suspice subdistingui, weder das von Meyer herrührende ad noch C. Hermann's post nöthig sei, hat auch Petschenig Klagenf. Progr. S. 30 richtig bemerkt und mit Beispielen (Serm. I 3, 2 und Epist. II 2, 108) belegt; an beiden Stellen lässt daher auch Meyer mit Recht die Präpos. fehlen.

ib. 31 hoc age deliciis: si ita contemnis etc. Hier ist wieder eine Lücke oder das Lemma ist zu erweitern; ich glaube ersteres annehmen zu sollen und wäre nach Com. Cruq. etwa zu schr.: hoc age deliciis] *«sequere uirtutem et fuge illecebras. — uirtutem uerba putas et lucum ligna»* si ita contemnis etc. — Auch ist wol nachher nicht ut lucos sondern et od. ac lucos zu schreiben.

ib. 65 hält Meyer in quadam ecloga das quadam mit Recht für corrupt „ex prima iam", wie er mit einem (?) in der adn. crit. schreibt; ferner will er nach indolentiam ein ait (ich hatte dieses Wörtchen in meiner Ausgabe auch, nur nach bonum, eingesetzt). Was aber dann unter dem Zusatze Meyers zu verstehen: „postremo haec non ad Mimnermum sed ad Horatium referenda uidentur" ist mir, offen gesagt, nicht klar geworden. Ich hatte eine andere Vermuthung, die hier einfach ihren Platz finden möge, die nämlich, dass viell. Porph. geschrieben: (fuit), quarta in ecloga Hieronymi sectam commendans, qui summum bonum indolentiam, quam Graeci *ἀπονίαν*, nominat; at molestias etc.

7, 30 der hier von Meyer nach dem basi des cod. M. recipirte genit. uasi st. uasis (frumentarii) möchte ich denn doch nicht so ohne weiteres dem Porph. zuschreiben (ebenso wenig wie Epist. I 6, 1 den dat. nullae) um so weniger als der Ausfall des s vor dem folg. f beim Schreiber des cod. M nur zu leicht erklärlich ist.

ib. 41 Telemachus offerenti sibi Menelao equos excusat accipere quod etc. Ich halte das excusat mit dem Infinitiv für unlateinisch, wenigstens habe ich kein ähnliches Beispiel finden können und zweifle nicht, dass recusat zu schreiben ist. Wäre excusat richtig, so müsste, dächte ich, stehen, se non accipere.

ib. 42 im Lemma ist zu schr.: *«nec»* prodigus herbae.

8. 10 bemerkt auch Petschenig: „hier erhält sich der sinnlose, Nominativ (*ληθαργία*) sehr hartnäckig" näml. st. des dat. *ληθαργίᾳ* (viell. auch *ληθάργῳ*).

10, 11 sic, inquit, fastidium me adsiduae urbis tenet et rus egeo et amo, quemadmodum fugitinus sacerdotis qui liba sit edere consuetus; cum fugit, fastidio longo libaminum panem tantum desiderat et laudat, ita et ego rus ciuitatem neglegens. totum allegorice. Zunächst möchte ich, weil in cod. M steht tenent, fastidia schreiben (woraus mit dem folg. m erst fastidium wurde); zweitens finde ich den Ausdruck urbs assidua denn doch zu auffällig (f. „dass ewige Stadtleben") und glaube es ist einfach als aus fastidium entstanden zu streichen. Endlich stosse ich mich erstens an dem fugitiuus und dem darauf folg. cum fugit; und zweitens an dem wiederholten: „ita et ego etc." nachdem doch schon sic fastidia me tenent vorausgegangen. Was das erstere betrifft so ist entweder st. fugitiuus zu schreiben seruus oder cum fugit ist zu streichen als aus (mo) dum fugit (iuus) in die folg. Zeile gerathen. (Denn Meyers Vermuthung consuetus, panem. ut is, cum bessert nichts; da bleibt immer wieder fugitiuus cum fugit!) Ich glaube, um mich kurz zu fassen, dass Porph. etwa so schrieb: quemadmodum fugitiuus sacerdotis, qui «cum» liba sit edere consuetus, [cum fugit] fastidio longo lib. p. t. d. et laudat [ita et ego r. c. neglegens] tot all. Oder: quemadmodum seruus sac., qui liba sit ed. cons., cum fugit, fastidio.... desiderat et laudat. Totum all.

ib. 29 quam negotiator, qui, si ueram Tyriam... discernere non potuerit, non tantum damni patietur quam is qui. Das si fehlt im cod. M. und ist von Meyer eingeschoben worden; ich stelle dieser Vermuthung zwei ältere von mir zur Seite, deren erstere vielleicht der Meyer'schen vorgezogen werden dürfte, die nämlich, dass nicht qui si sondern qui cum zu schreiben, da nicht sowol die Bedingung als „der Fall wo der negotiator damno afficitur" zum Ausdruck gelangen will; die andere war, zu schreiben negotiator: qui ueram.. non potuerit is non tantum damni patietur quam (is) qui.

ib. 40 dicit non debere usque eo amore pecuniae conflagrare, ut in potestatem eius ueniat. So Meyer mit cod. M, nur dass letzterer usquam amore bietet. Ich denke hier ist der Subjektsaccusativ zu debere unerlässlich, sonst müsste conflagrari, ut ... uenias etwa stehen; ich vermuthe daher dass vor non ausgefallen hôm. d. i. hominem: oder dass in usquam amore stecke usque eo animum amore conflagare, ut; oder endlich usque (seruiet aeternum Hor.) animum amore conflagrare, ne etc. Dann heisst es weiter: et supra hunc sensum: Ac mihi res etc. Ich vermisse hier ungern habet, wenn nicht zu schreiben ist: et supra «in» hunc sensum «ait» Ac mihi res etc.

ib. 49 Vacuna in Sabinis dea, quae sub incerta specie est formata. hanc quidam Bellonam, alii Mineruam, alii Dianam dicunt. Hievon fehlt in cod. M dicunt. Vielleicht ist eben nicht dicunt sondern nominant sei es hinter Bellonam od. hinter Dianam zu setzen, sowie ich auch statt hanc lieber nam vermuthen möchte.

11, 18 apparet et paenula solstitio et cetera alia, quae per ordinem dicit, diuerso tempore superuacua pro illis tunc moribus fuisse. Hiezu bemerkt Petschenig (S. 349): „alia ist wol einzuklammern"; jedenfalls halte ich mit ihm cetera alia für falsch; vielleicht ist aber cetera talia zu schreiben. Aber auch das pro illis tunc moribus fuisse halte ich für verderbt; denn was heisst hier illis? Ich denke das Epitheton zu moribus fehlt und dies war wol perditis also: pro perditis tunc moribus.

12, 1 hic autem nunc Iccius procurator Agrippae est constitutus, cui agrum cum (die Vulg. hat suum) commendauit. Statt des ohne Zweifel falschen agrum cum od. suum schlägt Meyer in der adn. crit. vor: Grosphum. Ich glaube mit Recht; ich hatte einst, um dem agrum zugleich näher zu kommen an *ἀγρονόμον* Grophum commendat (nicht commendauit) gedacht. Ausserdem vermisse ich aber auch eine Deutung des fructibus Siculis und dachte an eine weitere Lücke die etwa so auszufüllen wäre: hic autem nunc Iccius «*in praediis od. latifundiis Siculis*» procurator etc.

ib. 24 quam quod deest uiro bono obsecuturo scilicet si in tempore acceperit. nihil autem etc. In diesen Worten hat cod. M obsecuturus; das scheint mir beizubehalten und so zu schreiben: uiro bono. Obsecuturus scilicet «*est*», si in tempore acceperit, nihil autem etc.

13, 6 Dieses Schol. ergänzt vorne Meyer so: «*sarcina chartae*». Saepe a baiulis Sarcinae non oportune etc. Ich vermuthe: sarcina chartae. Sarcinae [*non*] oportune redduntur, quae ... mandauerit, sed ita inportune «*saepe*» se offerunt, ut abicere melius uideatur.

ib. 14 fictum anicula nomen ancillae contemptum, ut etc. so cod M. die Vulg.: ancillae ad contemptum; Meyer ad ancillae contemptum; ich glaube: ancillae cum contemptu (das m ist aus dem folg. ut wiederholt; möglicher Weise auch blos contemptui od. contemptim).

11, 22 im Lemma ist zu ergänzen: feret piper et t. o. uua.] per etc. weil uuâ im Schol. erklärt wird; an dem Ausfall war übrigens piper und per leicht Schuld. Dann heisst es in cod. M: quo dixit peculius illis piper... progigni. Vulg.: potius; Meyer: facilius; Hauthal: peculiarius. Ich vermuthe: speciosius dessen erstes *s* nach dem vorhergehenden t leicht abfiel.

ib. 30 multa mole docendus. Docet praefossis tramitibus. Petschenig im Klagenf. Progr. S. 31 will st. docet schreiben hoc est. Meyer vermuthet in der adn. crit.: „docetur effossis?" Ich möchte aber gerade das praefossis nicht aufgeben; sonst stimme ich mit Meyer überein, nur glaube ich, dass das folg.: sic alibi und die verglichene Stelle Art. poet. v. 68 erst gerechtfertigt ist, wenn vorn geschrieben wird: docetur *«prato parcere»* praefossis tramitibus; sic etc.

ib. 38 Dieses Schol. ist arg zugerichtet; Meyer lässt es so, wie es im cod. M steht: limat. adtenuat inminuit adterit et inuido oculo ori taceat oscinat. Ich vermuthe dass es ursprünglich etwa so gelautet: .... adterit [et] inuido oculo. *«non odio obscuro»* ore mordace fascinat.

15, 1 heisst es im Eingang: scribit satyrice de Baiis luxuriosis; cod. M. hat: baia luxuriosi (sic!); Vulg. Baiarum luxuria. Vergleicht man weiter unten: quod caelum Vala Salerni, wo cod. M statt Vala wieder hat baias (sic!), so wird man versucht denselben Fehler auch im Eingange zu vermuthen und dass Porph schrieb: scribit satyrice *«ad Valam»* de Baiis luxuriosis etc. (baia st. ualâ ist wie basi st. uasi Epist. I, 7, 30).

ib. 16 ist im Lemma vor nihil einzufügen uina.

ib. 18 steht blos das Lemma: generosum et lene requiro. Meyer klammert dasselbe ein. Richtiger wäre es wol gewesen, wenn er, wie in anderen ähnlichen Fällen, nach requiro eine Lücke angenommen; und es lässt sich sogar vermuthen, wie sie entstanden, wenn auch von einer sicheren Herstellung keine Rede sein kann. Zum Lemma dürften nämlich ursprünglich noch die Worte: quod curas abigat gehört haben; diese Worte fielen durch Abirrung des Schreibers von diesem quod auf das folg.: quod me Lucanae iuu. mit sammt dem Schol. fort. Letzteres könnte z. B. so gelautet haben: „curas abigat, ut alibi Bacchum Lyaeum dixit. (Carm. I, 7.)

9, 24 ist im Lemma zu schreiben: aequo p. i. st. aequo op (erata) i (uuentus).

16, 5 heisst das corrupte Schol. in M so: continui montes si dissocientur. deest quidem et sed ita ut (od. sedit aut nach Holder) si continui fidem sotientur opaca ualde; unde etc. Meyer macht daraus folgendes: deest 'quidem' et 'sed ita'. ut sit: continui quidem dissocientur opacu ualle**; unde etc. Ob damit viel gewonnen mag dahingestellt bleiben; hergestellt ist das Schol. damit nicht; ich glaube der Wahrheit nahe kommt folg. Vermuthung: deest 'quidem' et ad 'sed' 'ita' ut; od. das quidem ist als bei si fehlend gemeint, so würde es heissen: continui montes si quidem dissocientur, sed ita ut....... (Nachsatz: temperiem laudes; denn Holder macht sehr richtig nach uaporet Doppelpunkt nicht Punkt). Letzteres däucht mir wahrscheinlicher.

ib. 18 hic aperte ostendit, quid supra dixerit: si curas esse quod audis. Hier will Petschenig (S. 349) st. quid schr. qui = quomodo; ich glaube nicht dass das quid zu beanständen sei; am wenigsten aber würde mit qui gebessert. Deutlicher wäre: quid «*sit quod.*»

ib. 20 Hier scheint wieder eine perturbatio vorzuliegen, wie ich aus dem dopp. Lemma schliesse. Ich vermuthe so: neue putes alium «*sapiente b. beatum*». Est od. Et alibi est haec sententia, qua...... sapientem. [neue putes alium] sapiente. deest excepto. Darauf deutet auch das sapientem st. sapiente an letzter Stelle in cod. M.

ib. 21 cum aegrum scias. Auch hier ist, glaube ich, vor ſcias ausgefallen te.

ib. 25 ist in den Abkürzungen zu schr.: q. c. e. t. e. u. st. q. c. c. t. ut. Dann ist weiter, weil im cod. M. incertum steht dies beizubehalten, dagegen das in vor incertum als dittographirt zu streichen.

ib. 32 heisst es: ego ac tu: atque tu, hoc est etc. hier muss es offenbar heissen: ego ac tu: «*aeque*» atque tu; nur so stimmt das Folg.: tu non minus quam ego.

ib. 40 die Worte: responsio est. totum per ironian halte ich in dieser abgerissenen Form für nicht porphyrionisch und schr.: responsio est tota (nc d. i.) nunc per ir. dann weiter: ostendit enim hunc (st. hoc) ipsum non esse sed «*uelle*» uideri bonum (nach Com. Cruq.)

ib. 46 finde ich zwei kleine Aenderungen nöthig und zwar glaube ich, dass nach feci ein ait od. dicit einzuschieben, dann aber auch, dass dignos von Porph. nicht ohne Abl. gebraucht wurde und dass zu schr.: putant «*laude*» dignos hier fiel es nach -tant leicht aus, nicht aber vor putant wo es die Vulg. bietet. Will man das nicht, so schreibe man: dignos «*qui laudentur*», quia etc.

ib. 73 steht im cod. M.: haec praedia de tragoedia est Bacchis ganz sinnlos. Scharfsinnig ist Meyers Aenderung: hoc Euripidia st. haec praedia, nur scheint sie denn doch von der Uiberlieferung im cod. M. zu sehr abzuweichen.

Es sei daher gestattet meine Versuche diesem zur Seite zu stellen; ich schreibe: haec expressa de tragoedia *«Euripidia»* sunt Bacchis; oder: haec praedicata de t. sunt B; (im erstern Falle wurde das ex von dem vorhergehenden ec absorbirt). Oder sollte vielleicht gar in haec praedia st. paredia (paroedia) stecken parodia?!

17, 1 hat cod. M: in qua dum arte obsequendi amicis maioribus non montratur. Vulg.: artem und monstrat. Meyer schreibt: ratio st. non, deren Verwechselung freilich nicht so leicht scheint. Wenn nun auch non unschwer aus dem folg. mon entstehen konnte, so möchte ich das doch nicht ohne Weiteres annehmen; ebensowenig, dass ur in monstratur etwa aus dem folg. horat entstanden; ich möchte glauben, dass auch hier wieder zunächst eine Buchstabenverstellung (wie öfter) Schuld an dem Verderbniss ist und zwar in arte, worin ich das ursprüngl.: rate (obsequendi) erblicke d. i. ratio obs. während ich st. non monstratur schreibe, commonstratur; möglich aber auch, dass arte aus arf entstand.

ib. 6 heisst es im cod. M: ex urbe proficiscere ad inferentiam hoc est in oppidum desertum; die Vulg. hat: ad Ferentinum. Meyer ändert: atque in Ferentiam. Ich bezweifle indess ebenso die Richtigkeit des in als der Annahme dass proficiscere dazu ergänzt werden müsse. Der Ort heisst Ferentinum, nirgends aber Ferentia; ich halte für die Quelle des Verderbnisses an unserer Stelle ein einstiges Ferentium; daraus wurde in M: ad inferentiam, d. i. adi Ferentinum hoc est [in] desertum oppidum; vorher ist dann entweder proficiscens zu schreiben oder proficiscere atque (od. et) adi Ferentinum etc.

ib. 10 nach dem Lemma ergänzt Meyer: *«homine fefellit»* fefellit igitur; ich glaube einfacher wäre ohne Einschiebung zu schreiben: fefellit dicit (nc d. i.) nunc (od. ut): ignoratus est, latuit. (Die Verwechslung v. **c** u. **g** auch sonst im cod. M.)

ib. 13 numquam nos paupertatis sordes aequo animo toleraturos esse. So Meyer mit der adn.: „nos ex in correxi". Ich glaube hier kann nos fehlen, da es vorher schon heisst nos obsecuturos und das in ist einfach aus dem Schluss-**m** in nunquam entstanden.

ib. 19 schreibe ich wiederum: scurror ego ipse mihi. *«mihi»* propter me.

ib. 24 steht im cod. M., aequum: aequam et patientem. Meyer ändert: aequum aequanimum et patientem.

Ich dachte einst an aequalitor pat.; jetzt möchte ich aequamet aus aequa mêt(e) d. i. mente entstanden glauben.

ib. 25 schr. mirum erit. st. mirum est.

ib. 30 hat der cod. M im zweiten Theile des Schol.: Mileti tactam et lanea etc. Meyer schreibt: Mileti textam c. p. laneae etc. Ich vermuthe: Mileti toxtam. *factam ex lana «laneae enim»* etc.

ib. 32 heisst es nach dem Lemma in(eptus).] in stult. im cod. M. Daher gewöhnlich in stultum; so auch Meyer. Ich glaube in ist einfach wiederholt aus dem vorhergehenden in und zu schr.: stultus.

ib. 47 bene „sedit", quo uerbo significat segnitiam, unde et sedes: requitio. So cod. M; sedes: requietio Meyer. Ich kann mich mit dieser Aenderung schon wegen der seltsamen vielleicht nicht einmal lateinischen Form requietio nicht befreunden; ich vermuthe, dass hier abermals eine Buchstabenverschiebung stattgefunden und dass zu schr.: unde et deses segnis, desidia segnitia od. unde et *«deses»* — sidis: segnis. Ebenso halte ich das folgende: qui timuit. non „qui contempsit" ne noluisse se laudet, für eine nicht glückliche Aenderung der corrupten Lesart im cod. M: non si contempsit me noluisse si laudes. Ich vermuthe, dass Porph. schrieb: non sine contemtu „me«*tuit*" *ne»* noluisse se laudet.

ib. 46 halte ich die Worte hoc est imitatio für unecht (s. Meyer praef. VIII.)

ib. 50 et subtilis figura ita diuitem peti ab amicis, ut etc. So auch Meyer. Den Eingang halte ich für hart und glaube dass Porph. mindestens: Est subt. fig. od. Et *«est»* s. f. schrieb; vielleicht aber auch: Et subtili (das (entstand aus dem folg. f) figura ita *«dicit* od. *dixit»* diuitem etc. (dixit fiel wieder vor diuit aus); oder: subtili sign. (d. i. significat,) figura etc.

ib. 52 heisst es im cod. M: cum queritur sem& in itinere .... aliquid se perdidisse uel sensisse incommodi. Meyer ändert se in uel setzt aber hinzu in der adn. crit.: „at fort. sem& corruptum est", und letzterer Ansicht neige ich mich zu und vermuthe, dass Porph. entsprechend den simulatis damnis der meretrix hier schrieb: queritur temere; möglich auch semel.

ib. 56 flentis] Mire non „dicentis" sed „flentis", ut fidem etc. Viell. Mire non *«dicit* od. *ait»* „dicentis" sed „flentis"*«scil»* ut f. etc.

capillis in uideatur remanere quod cutis o cod. M. Meyer ändert in in id; ich glaube dieses lches dann als sinnlos im Gueipherb. am Rande ein d über remanere ein nisi zur Folge hatte) ist m folg. ui — reduplicirt und daher einfach zu n.

e uult dixit, quia non sufficit, quod cupit. Worte sind, soviel ich sehe, nur dann verständlich, nach sufficit ein ei od. ad id folgt. „Sie will, aber ht für das, was sie wünscht, nicht aus". Oder sollte ht sufficit in succedit zu ändern sein? (weil lückt, was sie wünscht). — Das hieran auch bei sich anschliessende Schol. ist entweder zu v. 7 nach tu zu setzen (und zwar so: tonsa cute et den- atris char. h. t. e. a.) oder zu streichen.

d. M: dominorum conuiuiis nam in summo Meyer schreibt conuiuii. Ich möchte indess die hr. Lesart nicht so leicht hingeben und glaube dass norum *eius* conuiuiis zu schr. Viell. auch: iorum in conuiuiis enim in etc.

Lemma vor hic noch h(orret) hinzuzufügen.

Lemma stehende q mit dem vorhergehenden f deutet sprüngliches rlq. (reliqua) hin. Dann heisst es im l wieder: mimesis imitatio uoris °e i placent; diese bis zur Unkenntlichkeit entstellten richtet Meyer so ein: mimesis, id est imitatio. est: ut ea quae uere mihi placent etc. Dage- ich vor Allem das gewichtige Bedenken, dass die im Scholion nicht angegeben wird, sondern der s. Schwieriger ist's freilich Ordnung in die Stelle ngen, wenigstens eine, die einige Wahrscheinlich- ir sich beanspruchen könnte. Aber, etiam uoluisse ich versuchte es so: mimesis; rixator enim dicit; et ut ego uere mihi placentia (non omni liber- efendam) od. rixator scilicet ait: ut ego etc.; ixatoris scilicet; ait enim: ut ego ea etc.

enbare Lücke nach lyrae füllt Meyer so aus: lyrae phion ** lyrae studiumque etc. Ein älterer n meinerseits hatte auch lyrae zum Ausgangspunkte, chte ich an eine ausgefallene Zeile und vermuthete: *«sensus autem est: si Amphion fratri obsecutus od. amorem)* lyrae studiumque etc. Am Schlusse

des Schol. heisst es: amico consentire a
Hauthal will schr. atque belle und diese V
Folgenden ziehen. Allein schwerlich dehnte si
von v. 42—45 aus unter einem Lemma. Aus d
wol schrieb Meyer: am. consentire atque
Ich hatte vermuthet: atque uelle «*quae il*

ib. 45 quoties. quoties, inquit, parauerit ir
Auch hier war das Lemma zu erweitern: qu
educet in agros» quotiens etc. — Ebenso ist
zu 46 das Lemma ganz ausgefallen, nach u
lich: Aetolis onerata. Aber auch das S
verstümmelt und etwa so herzustellen: «*Caly*
antiqua Aetoliae et Meleager» Calydonium ap

ib. 53 hier halte ich an der in meiner Ausgabe au
Ergänzung «*scis quo»* suffragio auch jetz
viell. ist sogar noch mehr ausgefallen näml
p. sua. und dann: scis, inquit, quo suf
(tineas) fiel vor scis aus und von scis ge
schreiber auf su f.

ib. 62 das agitur nach dem Lemma ist entweder zu
man muss schreiben agitur «*iterum»* ode
«*iterum»* agitur; sonst stimmt das folg.:
denuo nicht.

ib. 71 Petschenig macht sich nicht mit Unrecht (S.
ὑπόκρισις terribilis sowol als über das terribili
are lustig und ändert, wie ich glaube, ebens
wie richtig; ἐν ὑποκρίσει per ὑποβολήν, wie zu
ἐν ὑποκρίσει per ἀνθυποφοράν steht. Nur set
„ich muss Kundigern die Auffindung der Te
lassen, welche durch dasselbe (Scholion) erlä
sollen. Denn im v. 71 kann ich weder eine
eine ὑπόκρισις entdecken". Ohne mich darum
digern rechnen zu wollen, scheint mir denn d
den Worten möglich. Porphyr. denkt sich
pronuntiatio des Verses so, wie wenn wir
ist das Wort einmal aus dem Munde heraus!?
nun) dann fliegt es und ist nicht zurückzu
vergleiche dazu die citirte Stelle der Satiren.
wol auch der Vortrag so gedacht. „Es lesen d
dem Forum ihre Gedichte!?" „O ja! auch
klingen sie schön in geschlossenem Raume".

ib. 75 hat cod. M: dici menties ami potentem pu
uel beare. Hieraus macht Meyer: dici
impotentem puerum puellamue beare
Ich setze dieser Vermuthung eine zweite zu

lbe, dass sie der arg mitgenommenen Überlieferung ens etwas näher kommt; ich vermuthe nämlich: uenienа (od. inueniens) amicus (v. 73) impo- pueram puellamue beare te uideatur; ebenso es, dass die folg. Worte: hoc est mancipio eine spätere Zuthat sind.

Konjektur, dass statt: pocula res autem zu schrei-: pocula recusantem, die ich ohne weiteres er Ausg. aufnahm, hat auch Holder zu dieser Stelle: ne dieselbe auch heute noch der Meyer'schen vor, et: potores autem non amant, nur möchte ich amant ein Subj. haben und dies ist, irre ich nicht, vor pocula ausgefallen, sei es nun das Meyer'sche s oder wie ich vermuthe: potulenti. Es würde h das Schol. so zu lauten haben: ‹potulenti (autem)› recusantem non amant etiamsi ... bibendi. ses bibendi schliessen sich dann noch die Worte: tem etiam mature causantur. Meyer, der m gleich mit amant verbindet (d. i. te negantem) in: et etiam dure causantur. Sind die Worte lecht, so ist viell. zu schreiben: (bibendi) i. e. negant natura excusari, oder i. e. negante te et naturam causantem.

amittat zu schr. amittas.

sit bona librorum] studio prius librorum quam frugis uictusque est precatus. Ich ich an dem nakten studio und schrieb in meiner tudio deditus; auch Meyer stösst sich daran und in der adn. crit. vor: „studiose?" Heute glaube s hier wieder ein Ausfall stattgefunden und dass schrieb: sit bona librorum. ‹bene literarum›

autem Libonis ... fuit prope arcum Fabianum , quod etc. Meyer vermuthet sic dictum, quod; ke das m in Fabianum hat in und das di in ein de verschlungen, also: Fabianum ‹inde›

h

osdem tantum ‹in› uitiis imitantur.

ui ‹sibi fidet› bene fidet.

s in cod. M: timendum ac ne me parcius, am etc. Hier ist nicht nur a c, wie auch Meyer thut, shen, sondern auch cauendum zu schreiben. Nicht ist es zu sagen, woraus das sinnlose parcius ent- wofür die Vulg. parcius laudes, dem Sinne wiss richtig. Meyer schreibt carpas, was mir

denn doch von der Uiberlieferung etwas zu sta
vielleicht trifft hier wieder die Annahme eu
oculorum schlagend zu und schrieb Porph.: ne
«laude impertias».

ib. 30 dass in den Worten: mascula autem S
quia in poetico studio est, in quo saep
zu est etwas fehle ist gewiss, wie aber das
Vulg. vor est ausgefallen, ist nicht abzusehen.
Ausfall leicht erklärlich wäre, schriebe man:
od. est incluta, in quo od. ähnlich.

ib. 33 inmemorata. a nullo Latini oris ante
so Meyer, gewiss richtig statt des handschr.:
ich hielt einst vor lat(ini) noch ein l c i l für

1, 45 ad haec] ordo; ad haec ego ** displicet
in quo palam recitatur. So bei Meyer
Zunächst glaube ich, ist im Lemma nach hae
et cet(era). Ferner ist das displicet ist
quo palam recitatur jedenfalls wieder dur
im cod. M wiederkehrende perturbatio scholi
gerathen, während es vor v. 47 gehört, wohin
mit Fabricius schon in meiner Ausgabe ver
dessen der Zusatz in quo etc. der zu dem ord
passt, weil er schon den sensus erklärt. Di
vorausgesetzt ist dann die Lücke so auszufülle
ego «naribus uti formido et clamo displicet
u. posco». naribus. sannis uit. etc. Schuld
Ausfall das doppelte naribus.

20, 4 ist zu schr.: quod paucis «te» recitem; eb

ib. 13 aut fug. Uticam «aut u. m. J.» Utica etc.
es: ac per hoc † propter haec belloru
etc. Die Vulg. hat zu Ende des Schol.
Meyer glaubt als uerbum regens nach hoc
schieben zu sollen, vielleicht ist eher vor pro
solchen Fällen auch echt porphyrionische proba
Statt propter haec endlich schlägt Meyer p
tum; ich dachte an propter terrore, weni
diese Weise die Entstehung des haec etwas

ib. 24 st. chroma facere will Krüger Jahn'sche Ja
S. 470 sehr schön chroma inficere schreiben u
Plin. n. h. 17, 70: tinguntur sole populi i
infecti, nondum tamen Aethiopum m
Dadurch wird allerdings die treffl. Conjektur
„solibus ustum“ bei Horaz nahezu gewiss.
eisen ebendas. 1875. S. 814 erwartet unter An
Stelle aus F. Gregorovius „der Erzengel auf

Garganus“ (Allg. Augsb. Zeitung 1874 S. 4851), wo es heisst: „dieses Nationalcostüm ist wahrhaft schön, und viele Apulier mit ihren gebräunten und edel geformten Gesichtern sehen darum recht vornehm aus“ mit vollem Rechte, dass jenes ustum bald in jeder Horazausgabe erscheinen werde. — (Bei dieser Gelegenheit sei es gestattet, eine Vermuthung auszusprechen, wie viell. aus ustum leicht einst aptum geworden sein dürfte. Von irgend einem des Griechischen Kundigen möchte über ustum als Erklärung *[illegible]* geschrieben gewesen sein und aus dem mit latein. Buchstaben später geschriebenen baptum wurde unser aptum.)

Epistularum liber II.

ib. 1 Hier hat cod. M: ergo hic principium cum laude imperatoris et ab excusatione, quod etc. Nicht so sehr an dem hic stosse ich mich, welches Meyer in hinc verwandelt, sondern an der dopp. Construction von cum laude und ab excusatione. Ich glaube mit Beibehaltung des hic sei zu schreiben: ergo hic primum incipit a laude etc. (Dann wäre das cum aus dem vorhergehenden ium dittographirt und hätte das a verdrängt).

1, 1 Die Art und Weise wie Meyer in die disiecta membra des cod. M Ordnung bringt, verdient im Ganzen Beifall, nur zweifle ich an der Echtheit der beiden Relativsätze: quae (tempora) omnium commodis impendenda sunt und; cuius (Caesaris) omne tempus in publica commoda consumendum est, die doch in einem Athem dasselbe zweimal sagen; der eine von beiden ist sicher unecht. — Ausserdem erlaube ich mir auch meine Vermuthung über den ursprünglichen Wortlaut mitzutheilen: Cum tot sustineas. ‹loci› totius* hic est sensus: cum tantis rebus detinearis, o Caesar, rem publ. laedere sit, si tempora tua quae o. c. inpendenda sunt, longo sermone morer et more u. p. teneamque.

ib. 16 iurandasque. ac per hoc diuinos tibi honores decernimus. Das ac macht es sehr wahrscheinlich, dass

---

*) totus sensus kommt bei Porph., so viel mir bekannt, nicht vor, sondern nur sensus. Durch die leichte Aenderung (denn loci fiel vor toti leicht fort und dann war totus nöthig) tritt dieses Schol. in richtigen Gegensatz zu dem folg., wo nur ein Theil erklärt wird.

hier wieder eine Lücke ist. Vielleicht ist so zu schreiben: iurandasque t. p. n. p. aras. ‹*iurandas: ad quas iurare debemus*› ac per hoc ‹*dicit*› diuinos etc.

ib. 23 Von den hier bunt durcheinander gewürfelten zwei Schol. hat Meyer das eine sehr schön zusammengestellt, nur glaube ich, dass in dem nach dem Lemma stehenden usus nicht usque liege, sondern ut sensus, wovon das ut noch zum Lemma gehört, und dass darin liegt et eximia, also: ita pulchra et eximia dicat esse, ut etc. — Auch das zweite Schol. hat Meyer zurechtzulegen versucht und will es mit: an quod lingua (viell. an quia weil Schol. 28 mit si quia anfängt) an das Schol. 27 anreihen.

ib. 51 heisst es am Schlusse: facete autem somnia Pythagorea dixit, ut ipsum etiam Pythagoram † sua sibimet metempsychosi ridere uideatur. So Meyer; die Vulg.: cum sua met. ridere uid. Ich möchte glauben Porph. schrieb: ut ipsum e. Pythagoram in sua scilicet metempsychosi inridere uideatur. Das hieran sich schliessende kleine Schol.: „leniter curare securus esse" ist entweder zu streichen, weil securus schon an der Spitze des früheren Schol. steht, oder vor diesem Worte dort einzureihen.

ib. 55 am Schlusse steht in M: an ambo fenestram consequuntur alter docti (alter) alti tragoediographi. Meyer schreibt st. des sinnlosen fenestram: senes gloriam, was mir von der Uiberlieferung denn doch zu sehr abweicht. Sollte nicht famam suam zu schr. sein?

ib. 66 steht in M: hoc receptum. Meyer schreibt hoc rectum; vielleicht: hoc rei aptum.

ib. 69 non equidem insector: quod uitium est & obtrectantis hominis; so cod. M. Meyer: quod uit. est obtrectantis h. Ich glaube indess noch immer, dass das & des cod. auf einen Ausfall deutet und schreibe jetzt: quod ‹*inuidi*› uitium est et obtr. h.

ib. 72 et exactis m. d. m.] examine uel agina, quae pars trutinae est. So Meyer. Die Vulg. hat nach dem Lemma: translatio ab. Ich glaube, es ist zu schreiben: ‹*exactis scil.*› examine uel agina q. p. tr. est. Bemerkenswerth scheint mir, das dieses Schol. nicht nur den Zusammenhang von exa(g)men mit exigo, ago, sondern auch von agina andeutet: vgl. Curt. Etym. 156.

ib. 78 steht in cod. M: nec ueniam ... pecci.] nec non ut sit: non modo ueniam etc. Die Vulg.: nec modo, ut sit: non modo. Meyer: deest „modo" ut sit: non modo. Ich denke in noch näherem Anschluss an cod. M: nec: et non «*modo*», ut sit: «*et*» non modo etc.

ib. 79 ist im Lemma noch Attae hinzuzufügen vor Atta.

ib. 81 ea cum reprehendere coner] inquit; non enim „reprehendam". Meyer wiederholt coner vor inquit setzt aber vor coner zwei Sternchen. Beides richtig; was ausfiel muss das folg. enim rechtfertigen. Ich glaube es ist mindestens ein Adverbium. Ich vermuthe: ea cum reprehendere coner. «*facete reprehendere coner*» inquit, non enim reprehendam. — Die folg. Worte: ac per hoc ostendit..... moneantur sind entweder hier zu streichen oder zu v. 88 zu setzen.

ib. 84 auch bei diesem Schol. sei ein Herstellungsversuch gewagt, dem man, glaube ich, eine gewisse innere und äussere Wahrscheinlichkeit nicht absprechen wird. Die corrupten Worte lauten in cod. M: et hoc uitium praui pudoris est, essent pueri male docti, dicerent. Ich vermuthe: et hoc «*ait*» uitium praui pudoris esse «*si senes visi*» essent pueri male docti, dicerent «*tamen aliter* od. *contra* od. dergl.» Von tamen an fiel das folgende wegen des ersten Wortes des folg. Schol. iam leicht ab. („Er nennt es falsche Scham, wenn Greise in der Jugend falsch unterrichtet, das später nicht eingeständen" muss jedenfalls der Sinn sein).

ib. 90 aut quid ad nostra tempora peruenirat, quod legere.... possemus. Im cod. M steht nicht quid ad sondern qui ad und das könnte man beibehalten nämlich als Adv. qui = quomodo, oder als nom. plur., dann müsste aber st. quod geschrieben werden quos.

ib. 93 ist vielleicht die leichte Aenderung: probet, «*et*» quod etc. angezeigt.

ib. 94 Sollte hier nicht, nachdem Meyer richtig in uitium geschrieben auch noch nach dem ae in fortunae ein ab ausgefallen sein, also: in uitium.... abisse delicias?

ib. 99 ita Graecia cupide adpetit studia, celeri satietate deseruit, ut etc. Hier nimmt Petschenig offenbar auch Anstoss an dem Asyndeton und schreibt adpetita st. adpetit; ich glaube noch leichter ist studia «*ac*» celeri zu schreiben, wobei es gleichgiltig ist, ob man auch adpetiit schreiben will oder die contrahirte Form lässt. — Auch dürfte im folg. zu schreiben sein: ut si puella infans esset et sub nutrice agens (etiamnĉ d. i.) etiam «*nunc*» luderet.

ib. 105 cautos....] pecuniam commodare. So nach cod. M Meyer. Hier ist wol wieder eine Lücke, die etwa so auszufällen wäre: cautos *‹expendere nummos›*] i. e. *‹cautam›* pecuniam commodare.

ib. 106 maiores audire] in iure † officium. So Meyer. Die Vulg.: in iure officium minoris est. Ich glaube es ist zu schreiben: maiores audire min. reliqua] Officium *‹minoris fuit maiores audire; minori dicere per quae crescere res possit et minui damnosa libido, hoc fuit maioris officium›* od. nach dem Lemma; *‹minoris alterum alterum fuit maioris›* officium.

ib. 108 vielleicht ist hier zu schreiben: causatur cur mutauit m. p.; quia leuis, wobei es nicht gerade nöthig ist mutauerit zu schreiben, weil bei Porph. auch sonst oft in der direkten Frage der Indikativ steht.

ib. 110 constituirt Meyer das Schol. so: [quod] fronde comas uincti: iactantiae, [quod] egnant et carmina dictant [carm. di.] intemperantiae est. Zunächst möchte ich im Hinblick auf das intemperantes (was doch wol intemperantis eher heissen kann als intemperantiae) auch aus dem jactat des cod. lieber iactantis machen; dann aber ist denn doch auch nicht leicht die Entstehung des doppelten quod einzusehen; ich behalte es bei und schreibe: quod „fronde comas uincti“ *‹dicit* od. *ait›* iactantis, quod .... intemperantis est.

ib. 114 Hier, glaube ich, muss man schreiben: qui ignari artis *‹poeticae›* poetae haberi cupiunt, weil sonst zu dem: in ceteris professionibus der Gegensatz fehlen würde.

ib. 119 hier fehlt offenbar das Lemma und ist zu schreiben: *‹uirtutes habeat sic collige›* uirtutes modo etc. (Schuld war offenbar wieder das dopp. uirtutes). Ebenso ist im folg. Schol zu schr.: figurat *‹i. e. format›*; poeticis enim etc. Das, glaube ich nämlich, steckt in dem sarmat (sic!) des cod. M.

ib. 127 heisst es: torquet ab o. i. n. s. aures: carminibus, ut auocet a turpibus dictis. So Meyer mit dem Zusatze in der adn. crit.: „num addendum: aures: delectat aures“ (carm.) Auch ich stosse mich an der Fassung des Schol., glaube aber ut ist aus dem ui in carminibus wiederholt und dies hatte zur nothwendigen Folge, dass aus dem ursprünglichen auocat wurde auocet. Also ist zu schreiben: carminibus auocat a turp. dictis.

ib. 143 schr.: tellurem *‹porco›* porco pro porca. Ebenso

ib. 144 floribus et uino genium *‹memorem breuis aeui.] memorem›* genium recte etc., weil sonst das im Schol. erklärte memorem fehlte.

ib. 154 muss nach ordo eine Lücke sein, denn in dem was jetzt darauf folgt ist nicht der ordo, sondern der sensus angegeben. Es wird daher etwa so zu schreiben sein: ordo: «*uertere modum redacti ad b. d. d. formidine fastis; sensus*» uertere modum poetae etc. (Das dopp. uertere war wieder Veranlassung zu der Lücke). — Am Schlusse dess. Schol. ist st. quia wol, weil im cod. M quam steht, zu schreiben quoniam.

ib. 157 steht im cod. M: Latini ueteres aureis sub Saturno; aus aureis macht Meyer aurei saeculi, und nimmt es in den Text auf, sagt aber in der adn. crit.: „uel aurei". Auch ich glaube, dass das s von dem folg. sub herrührt, ob aber Porph. geschrieben Latini ueteres aurei bezweifle ich. Vielleicht ist zu schreiben (eui d. i.) «*aeui*» aurei.

ib. 158 Dass dieses Schol. lückenhaft sei, schliesse ich aus dem ac per hoc, dem eine Erklärung (zumal nach porphyrionischem Sprachgebrauche) vorangegangen sein muss. Viell. ist mit Hilfe des Com. Cruq. so zu schreiben: et graue uirus.] *bene rusticitatem merum et poesis quae erat Saturni temporibus dixit graue uirus*» ac per hoc: cessit grauitas seueritasque deliciis. Auch diese letzten Worte verstehe ich nicht, zumal das deliciis, was doch nicht eine Erklärung des munditiae sein kann: wie zu helfen weiss ich freilich nicht; ich dachte wiederholt an: grauitas austeritasque Liuii (Andronici); war einmal das ue reduplicirt so wurde aus ueliuii sehr leicht deliciis.

ib. 162 ut † graeci a bellis coepit quietus i. e. securus... temptauit imitari. So Meyer der zugleich st.: graeci vorschlägt recedi, während Halm recedere od. cessare schreiben will. Gestützt auf die öftere Verwechslung von c u. g und die noch häufigere Buchstabenumstellung im cod. M vermuthe ich, dass graeci aus craeri verderbt und zu schreiben ist recreari. Auf ähnliche Weise, denke ich, ist die Corruptel entstanden, die

ib. 168 in den Schlussworten: ex hoc autem grauis, quod non minus ignoscitur etc. wo Meyer st. ex hoc vorschlägt error, während ich schreiben möchte est hoc autem ignari. Das folg. non ist zu streichen oder non nimis zu schreiben.

ib. 177 si non laudatur et a. c. a. abicit, laudari se uidens fit temerarius. So Meyer, indem er (wie auch ich übrigens in meiner Ausg. schon that) uidens aus Acron nimmt statt des uider& des cod. M. Jetzt scheint mir wahrscheinlicher, dass Porph. entsprechend dem si laudatur schrieb: laudari «*si*» se uidet.

ib. 180 im Lemma schreibe: ualeat res ludicra d. r. o. Die von Meyer dann nach hoc Lücke, welche Halm mit ualeat ausfüllen w doch lieber mit einer Erklärung des ualeat selbst ausfüllen und desshalb schreiben en oder habeat sibi (od. secum).

ib. 190 die Lücke nach dem Lemma, die Meyer d impedire einzuschiebendes dicit ausfüllen lich impediri), glaube ich, ist vielmehr eines queritur nach equitum entstanden, noch e. zum Lemma und steckt queritu (selbstverständlich ist dann auch impediri) ist's zu bestimmen, was in dem folg.: in Halm meint inania; Meyer: inutilia; ic militaria; wenn nicht darin ein griech. Unkenntlichkeit entstellt ist (etwa ἐνόπλια Com. Craq. stehende purricha) so konn dittographirt sein und uilia da gestanden das hoc est scheint mir doch auf einen terr hinzudeuten für derlei Theaterstücke.

ib. 192 schr.: esseda fest.] sunt esseda etc. Da cod. M entstand aus esseda f(estinant).

ib. 199 was in: multa dixit: fabellam et sur bedeuten sollte, ist mir nicht klar. Petscheni S. 32 will: nunc ita dafür schreiben und ut uincentem. Diese Verquickung der l dürfte indess manchem Bedenken begegnen, Weise denn doch auch dem Sinne der Stelle than wird. Der Schol. wollte, glaube ich Wahl der drei Ausdrücke, der beiden Demi surdus aufmerksam machen. Daher ist entw zu multa ausgefallen oder es steckt ein ich dachte an: mire ita od. mire haec od fall von acerbitate oder amartudine.

ib. 200 ergänzt Meyer als Lemma poruincere u sic vor uincentem. Um wenigstens den erklärlich zu machen dürfte zu schr. sein: « *cere u. sic»* uinc.

ib. 206 bono stomacho † quasi dixit; so Mey es wenn man der Stelle so aufhelfen wol macho quaerit: „dixit adhuc aliquid" processit, ut diceret...?

ib. 208 schreibe ich nach dem Lemma: «*sensus est:* aliis etc. und im Folg. vermuthe ich sta ludentem (ludem cod. M) f. inuidentem oder inludentem.

ib. 210 ille per extentum: mihi uidetur etc. Hier scheint mir wieder eine Lücke zu sein, ich schreibe: ille per extentum *«fun. rlq. est sensus»*: mihi uidetur etc. Die Aehnlichkeit v. ex tentu und est sensus war Schuld. Dann folgt: et est ordo ** So Meyer; ich glaube nicht zu irren, wenn ich den Ausfall durch das folg. Wort poeta entstanden denke und somit schreibe: et est ordo *«poeta ille uihi midetur ire posse per funem»* (u. s. w. das folg. Scholien).

ib. 218 ergänze ich zunächst wieder das Lemma: maiore *«petant heliconas»*. Dann schr. ich, weil im cod. M. steht: scil. et allegoria st. dess.: scilicet. Et est all. Und endlich ist wol auch studiose verderbt und liegt darin oder vielmehr in dem studiosa des cod. M.: studiosiora (nur dann ist nämlich die Allegorie: studio maiore petant helicona erläutert, nicht aber mit dem Positiv).

ib. 220 ist im Lemma vor: librum wieder *«tibi»*, ebenso v. 231 vor hoc ausgefallen *«non c. p.»*.

ib. 235 halte ich das am Schlusse stehende: notam..... attigerint für unecht, da es nur eine Variation des vorhergehenden Theiles des Schol. ist.

ib. 238 dass in dem: haemiscil des cod. M (haemisse scilicet cod. Guelph.) nichts anderes steckt als Choerili scilicet (was auch Meyer vermuthet) halte ich für zweifellos zumal wenn man die Lesart caerillum zu v. 232 und coer illius zu v. 245 vergleicht.

ib. 239 ist so zu schreiben, wie ich glaube: *«Apellen»*. Apelles p. i. fuit. — *«Lysippo»*. Lysippus aerarius signifex insolitas statuas fabricabatur.

ib. 241 der Versuch Meyers, die Lücke bei ipse auszufüllen, ist derselbe, den ich schon in meiner Ausgabe proponirte nur dass ich ipse beibehaltend vermuthete: *«in iis quae ipse uidebat.»*

ib. 250 dicit se potuisset, so cod. M; Meyer: se petiuisse si posset, und er schliesst dann hieraus und aus dem im Lemma v. 257 stehenden peteret, dass Porph. bei Horaz an letzterer Stelle st. cuperem gelesen habe peterem. Widerspricht aber dies nicht geradezu den Horazischen Worten v. 258: nec meus audet rem temptare pudor, quam uires ferre recusent? Da wäre mir schon die Vulgata: dicit se potius uelle si posset lieber. Ich glaube aber es ist direkt zu schreiben: dicit: „si potuissem scripsissem; non enim mallem etc. Indirekt musste es jedenfalls heissen: se scripturum fuisse, s dann bliebe aber noch immer das malle anst

ib. 255 dürfte denn doch das zweite Citat aus Verg nackt: mos erat Hesperio gelautet haben, deutet gewesen sein, dass dies nur die Anf bezogenen Stelle seien; daher vermuthe icl hesp. ausfiel (et)rlq.

2, 1 Hier halte ich zunächst das item... quam für nicht lateinisch und tam... quam (zu iniuste und iniustam folgt) für einzig richtig hat wol der Indic. dat in der indirekten Frag Porph. nichts Auffälliges, wol aber nach den gegangenen sciat; nimmt man dazu auch litem dare, der nicht ganz unbedenklich ist, vielleicht gerne einer kleinen Aenderung Rau eine solche zu nennen ist: litem «intent» dat od. itê fiel îten od. îtê leicht fort). — W anzunehmen, dass Porph. geschrieben haben sol est sub hac sententia, wenigstens halte für unlat.; dass es aber in jedem Falle an zu streichen, beweist klar das im cod. M stehen wovon luba handgreiflich aus dem vorherg. tu wurde. Möglich auch: episiolae est haec s. — ich die Worte: quae scripserit für eine s eines sciolus, dem das Obj. carmina entgang

ib. 3 ergänze: uerna: «seruus» domi natus.

ib. 13 ist wol st. haec (hec) zu schr. hoc, folgt i. e. tam simpliciter loqueretur. — Wi Schlussworte: mango autem dicitur quas uel manu ago herzustellen seien, ist schw Sicherheit zu bestimmen, so interessant es a wissen woher Porph. das Wort mango gel (ich berühre dies hier nur desshalb, weil es wiss nicht bekannt ist) Fick Vergleich. Wi indogerm. Sprachen I. Bd. S. 708 (3. Aufl.) magh oder mangh (mag-nus, mac-te et (wie auch gr. μάγγανον) und übersetzt „Zurichte

ib. 14 heisst es am Schlusse im cod. M: et bene † leuius delictum est. Meyer will st. des cor schr. cessauit; das scheint mir denn doch ge es dem Sinne nach nicht unpassend wäre: wäre als ein gelinderes Vergehen so bezeichn an sich richtigen Sinn gäbe semel wie ich in gabe schrieb; ich kann mich heute aber bei beruhigen, wenn ich auch nichts Sicheres a habe. Möglich aber wäre es, dass in dem nemo läge nc (d. i. nunc) mo(net) od. blos monet od. memorat (und schlau erwähnt er ein geringeres Vergehen).

ib. 18 prudens emisti uitiosum cum non in fraudem inductus est. So cod. M; Meyer sis. Ich möchte jetzt annehmen, dass cum aus dem vorhergehenden sum entstand und est aus es.

ib. 26 uult ostendere uenientes stultum, quem res non doceat; quid sit utile. So cod. M; Meyer schreibt uehementer st. uenientes. Ich vermuthe dass die Lesart des cod. M entstanden aus dementêstultumquequem d. i. dementem stultum *«que»* quem.

ib. 34 praetorem Lucullum significat. Da cod. M praetorum hat, so vermuthe ich, dass Porph. schrieb: praetorem *«nunc»* Luc. sig.

ib. 41 Romae nutriri. et discitur Achillis iracundia etc. Hier lässt mehr als ein Umstand wieder auf eine Lücke schliessen. Erstens passt das Lemma zum Schol. nicht; zweitens ist das et ohne Halt, da ich das et vor quantum ebenso wie das omnibus aus dem Folgenden wiederholt glaube; nicht: iracundia et quantum offuerit Graecis discitur, sondern: iracundia quantum offuerit etc. Drittens vermisst man denn doch den Namen Homers gar zu sehr. Ich möchte glauben Porph. habe ungefähr die Sache so gefasst: Romae nutriri etc. *«dicit nunc Horatius de se ipso. — iratus G. q. n. Ach.»* discitur Achillis iracundia [omnibus et] quantum offuerit Graecis ex Homeri carminibus. Der Anlass zu dem Ausfall wäre dicit und discit(ur) sonach gewesen. Das omnibus ist gewiss hier verderbt, wie ja auch bei Horaz nichts darauf hindeutendes steht. — Im folg. Satze hat cod. M: et hic figura (sic!) saeuitiam C. A.... uidetur ostendere. Wenn ich auch zugebe, dass vor saeuitiam leicht te wegfallen konnte zumal wenn seuitiam geschrieben war, so möchte ich hier doch glauben, dass Porph. geschrieben habe: et hic figura *«suaui»* saeuitiam etc.

ib. 45 bene Academi siluas, uel quia.... nihilque bel ** 46 loco met. excusatio etc. Hier glaube ich zunächst, dass Petschenig S. 350 richtig annimmt, dass in dem nihilq. bel. das Horazische: ciuilisq. belli stecke, jedoch sagt er nicht, was damit anzufangen. (Ich glaube es ist zu streichen oder höchstens 46 so einzuschieben: ciuilisque bel. aestus. bene aestus etc). Dann will er das Schol. 45 mit quaerendum schliessen und uel streichen. Ich vermuthe eher, dass nach siluas (od. uel quia) eine Lücke ist, die ich nur animi causa hier auszufüllen versuche: «uel quia inter oliuas (griech. μορίας vgl. Ritter zu der Horazischen Stelle)» uel quia etc. Jedenfalls aber möchte ich uel lieber in ait verwandeln als es auswerfen.

ib. 78 si poetas amant quos, so cod. M; si poetae siluas amant, quas Meyer; si poeta amat quod Petschenig Klagenf. Progr. S. 33; si poeta nemus amat quod Vulgata. Ich ziehe meiner früheren Vermuthung: si poetae «res easdem» amant, quas höchstens die Meyers vor.

ib. 87 ut ostendat poetas se ipsos inuicem laudare non lucio (sic!) sed mutua assentatione. Das verderbte lucio ändert Meyer in judicio, ich möchte lieber ultro; vgl. unten bei Horaz v. 107. Auch im folg. sei es gestattet eine Herstellung der unverständlichen Worte: fratres miros eleuationes honores praeferebant wenigstens zu versuchen: «hi» fratres «scilicet (od. enim)» mira se laudatione et honore pr.

ib. 91 schr. «hic» id est alter.

ib. 93 hat cod. M: et ser (sic!), die Vulgata et sic; Meyer ändert: et cetera. Ich vermuthe, es sei aus et sen. d. i. est sensus entstanden. Im Lemma ist übrigens noch anzufügen: s(pectemus), weil von der Tmesis in circum spectemus speciell im Schol. die Rede ist.

ib. 96 ist die Lesart des cod. M: quid esse praebeat tolleret uel quid adferat. gerade so sinnlos, wie die Vulgata: quid de se praebeat tollere etc. Meyer lässt die Worte des cod. stehen mit einem Kreuz vor esse. Es sei gestattet auch hier eine ältere Vermuthung von mir herzusetzen, die wenigstens einen erträglichen Sinn gibt; sie lautet: quid de se probet attollens od. quid se probet attollens.

ib. 98 ist das Lemma zu ergänzen zu: «lento» duello.

ib. 113 heisst es auch bei Meyer: plerumque ita sunt uerba, quae prima posuerimus, ut etiam si praua sint, tamen bene nobis posita uideantur. Das: ita sunt uerba, ut ist jedenfalls unhaltbar; das mochte auch der gefühlt haben, der bei Acr. nach uerba einfügte conjuncta. Ich halte es für gewiss, dass Porph. schrieb: plerumque ita «posita» sunt uerba etc.; das doppeste ita war Veranlassung der Corruptel.

ib. 114 Was am Schlusse dieses Schol.: alii intellegunt: cum adhuc ** (so auch Meyer) ausgefallen sei, ist schwer zu sagen; wahrscheinlich fing der Ausfall mit populo an und entstand durch das folg. populo etwa: populo placeant od. ähnl.

ib. 115 möchte ich glauben, dass dubium ausgefallen und zu schr.: et ⟨sat⟩ dubium, utrum.

ib. 149 cur igitur diuitias cupis, quas adquirendo didicisti nihil conferre ad sapienter beateque uiuendum. Sollte es nicht heissen müssen: conferri? Ebenso kann ich v. 151 die Worte: postquam diues ad sapientiam nihil promouisti immer noch nicht für richtig halten und erwarte: p. diues sapientiam nihil promouisti od. ad sapientiam nihil profecisti.

ib. 168 ist gewiss am Schlusse dominiis zu schreiben.

ib. 175 hat cod. M: si emptio uel usucapione ad legitimam possessionem, neminem esse tam pauperem etc.; die Vulg.: si emptio uel usucapio a. l. p. neminem inducere possit, neminem esse t. p. Meyer jedenfalls richtiger: si emptione uel usucapione ad l. p. *«ueniamus»* neminem esse etc., nur setzt er in der adn. crit. eine zweite Vermuthung hinzu: „usucapio ineat" legit. p. etc. Das veranlasst mich auch meine einstige Vermuthung mitzutheilen, nämlich: si emptione (das ne fiel vor ue aus) uel usucapione fiat legitima possessio (das nem kam aus dem folg. nem (inem) und hatte dann die weiteren Aenderungen zur Folge). — Weiter: si uero nullus perpetuus possit unde rebus quaesitis, sed etc. So cod. M; unde de rebus cod. Guelph. Meyer schreibt: si uero nullus perpetuo possit uti rebus quaesitis, sed, was denn doch etwas gewaltsam scheinen will. Vielleicht schrieb Porph.: si uero nulli *«usus»* perpetuus possit effundi (se effundere) de rebus quaesitis; oder mit anderer Auffassung des usus: si uero nulli *«usus»* perpetuus possit esse, abunde rebus quaesitis, etc.

ib. 192 hat cod. M: quid * se (litera erasa) filius. Meyer: cui deest filius. Ich vermuthe: cui desit filius od. defuerit; Petschenig S. 350: deesset, dann müsste aber wol auch für loquitur geschrieben werden loqu⟨u⟩tus(?).

ib. 197 ita aut tum, inquit, moriturus.... voluptatibus plurimis res fruaris so cod. M. Zunächst schreibt Meyer ita et tu, inquit, Petschenig sieht in aut tum ein actutum; letzteres halte ich für weniger wahrscheinlich wegen des folg. raptim; bei ersterem bleiben mir die beiden Ablative anstössig, mag man nun exiguo tempore für abl. abs. halten oder von fruaris abhängen lassen (in letzterem Falle müsste dann volupt. abl. instr. sein); ich vermuthe daher: (feriis), ita *«utaris»* et tu.. tempore *«et»* raptim ... vol plurimis fruaris (das res nämlich, was in cod. M vor fruaris steht halte ich für wiederholt aus dem vorhergehenden — mis). — Ob endlich der Schluss richtig sei: olim autem nunc pro: semper, möchte ich denn doch bezweifeln; es ist wol hier von Porph. derselbe Unterschied gemeint, den er bei quondam macht und viell. zu schr.: olim autem nunc de praeterito tempore.

ib. 201 hat cod. M: uimia felicitate uehementi; Meyer schr.: nimia f. uenti. Viell. kommt der Uiberlieferung näher: uehimur.

ib. 208 schr. im Lemma: nocturnos l(emures).

ib. 213 sei nur bemerkt, dass das zweifellos richtige succedi st. succedit auch schon Petschenig Klagenf. Progr. S. 33 gefunden.

Carmen de arte poetica.

V. 38 ist der Eingang bei Meyer: hoc autem praecepto etc. jedenfalls corrupt und er stimmt in der adn. crit. meiner Vermuthung, dass nach praecepto eine Lücke sei, bei. Hier sei nun auch die Ausfüllung derselben versucht: hoc autem praecipit: *«totum opus arte faciendum non singulas tantum partes»*. Dann folgt ein neues Schol.: sumite m. u. q. scr. aequam «ui.» praecipit nunc iis etc.

ib. 65 hat Petschenig, ich glaube mit Recht, S. 351 resedisse st. recidisse vorgeschlagen.

ib. 81 glaube ich steckt in ipsum vielmehr: i. e. per se ipsum.

ib. 88 ist das zweite malo jedenfalls unstatthaft, und es kann aus der vorangehenden Zeile (wie oft im cod. M.) noch einmal hierhin gerathen sein; möglich aber ist's auch, dass blos m vom vorhergehenden quam wiederholt ist und alq(uid)od ab alio zu schreiben ist.

ib. 99 sed leges antiquae his fere plenae sunt quasignificant uerbis so cod. M; zunächst scheint st. sed zu schreiben et (das s entstand aus dem vorhergehenden t); das corrupte quasignificant klammert Meyer ein, setzt aber in der Note hiezu: „fort. quae significaui?" Das scheint mir hier denn doch ziemlich überflüssig, wenn schon his uerbis dasteht; ich glaube dass ein Epitheton zu uerbis darin liegt und zwar quasi significant *«ioribus»* uerbis (viell. gar formis). Wenn ich hier auch noch einmal zu 97 meine Vermuthung wiederhole, dass qui dixit zu schreiben (das hierhin passende Callimachische *Μοῦσαν ληκύθιον*, das Meyer in der adn. crit. bringt steht fragm.

319) so geschieht dies nur darum, weil durch diese Stelle die Annahme, dass griech. Citate auch anderwärts in cod. M. ausfielen, nicht unwesentlich gestützt wird. (War das Citat, wie oft, halb lateinisch geschrieben, so kann in dem Folg. sicu sogar licu d. i. licu *Θειον* zu suchen sein). Vgl. Od. I, 27. 1. Epod. 11, 7.

ib. 102 tunc tertio cum indignari uideret et tuto adfirmante cum lacrimis adfectu, dixit etc. so cod. M. Meyer setzt ein † vor et. Viell. ist zu schr.: et certo adfirmare (aus adfirmâte) cum lacrimis, adfectus dixit etc.

ib. 103 quod Graeci *ἀτυχήματα* uocant. Hier halte ich quod für unmöglich, es müsste (was den Schriftzügen nach keine Aenderung wäre) quas heissen. Eher aber glaube ich, dass das zu erklärende infortunia fehlt und es könnte Porph. ursprünglich so geschrieben haben: quod «*infortunia dicit idem est quod*» Graeci (das dopp. quod war in diesem Falle wieder Veranlassung der Lücke.)

ib. 120 sin uero etiam male egissent, incipiebant derideri. So cod. M.; cod. Guelph. hat auch etiam, aber am Rande iterum wie Acron. Meyer schreibt ei iam; sollte nicht etiam «*atque etiam*» zu schreiben sein?

ib. 323 nehme ich an dem tamquam Anstoss und schreibe eam quam.

ib. 343 qui et utile et dulce scripsit, qui et prodesset et delectaret. So cod. M.; Meyer fühlte, wie es scheint, richtig das Anstössige des zweiten qui und schlägt statt dessen in der adn. crit. ut vor; ich glaube näher der handschr. Lesart wäre: (scripsit) ita ut; war einmal aus scripsititaut geworden scripsitaut, wurde dann leicht aus aut ein qui.

ib. 361 ita poetices † quaedam statim aspicienda sunt. So Meyer mit dem Zusatze in der adn. crit.: „Fort. secundum Acronem addendum: statim quaedam postea." Das glaube ich kaum, halte vielmehr diese Lesart auch bei Acron für falsch. Was sollte denn das heissen: postea aspicere? Der Fehler wird tiefer liegen, wenn auch mein Besserungsversuch nicht entsprechen sollte; ich denke nach poetices ist deciês ausgefallen und nachher hatte das semel, welches st. statim da stand keinen Sinn; oder: ita poetices «*quaedam paulatim*» quaedam statim asp. s.

ib. 368 Will man nach medietatem nicht (wie ich in meiner Ausgabe that) ein neues Lemma: consultus i. e. a. ausgefallen annehmen, so muss die Stelle anderweit lückenhaft sein. Ich vermuthe, nach cedi und vor qua ist zunächst reliqua ausgefallen; nach (me)dietatem ein dicit autem od. man schr.: «me mineris» medietatem: Consultus etc. — Weiter ist gewiss Meyers non sit richtig statt nescit, während ich das von ihm beibehaltene potius in: at tamen potius est mediocris nicht verstehe und pretii schreiben möchte. Endlich ist (wie auch Petsch. S. 351 vermuthet) scias st. sciat zu schreiben und vielleicht hier doch auch nach tamen ein eû (eum) einzuschieben.

ib. 388 Hier glaube ich ist durch dreimalige Verwechselung des ſ und t die dritte Pers. an die Stelle der zweiten getreten, und zu schreiben: exemplo Cinna poteris uti, ut carmen tuum si malum est nouem annis dissimules st. (poterit - suum - dissimulet). (Umgekehrt ist v. 422 gewiss habeat zu schr. nicht habeas.

ib. 402 heisst es sinnlos: a quibus rogati Athenienses miserunt Tyrtaeum clodum et luscum quem deformem crederent usi sunt auxilio. Vielleicht kommt folgende Aenderung der ursprünglichen Fassung wenigstens nahe: Tyrtaeum clodum et luscum quem deformem crederent «nulli» usui «esse» aut auxilio. quibus ille «tamen» cantum monstrauit tubarum etc.

Nachtrag.

Od. I, 9, 4 ist zu schreiben: acuto «*gelu acuto*» utrum ad sensum frigoris pertinet, quod «*gelu*» uelut pungat; dann heisst es: an quod fretum (so M) uelut uitrum acutum sit. Meyer ändert das sinnlose fretum in concretum; G. Loewe (Acta societatis phil. Lips ed. Ritschl tom. V p. 334) ändert weit ansprechender und den Schriftzügen in M. näher fractum. Derselbe streicht (ebendas.) Od. I, 4, 18 die Worte: et in Asinaria, auch wol mit Recht und macht noch einen Versuch der verderbten Stelle Od. IV. 12 (nicht 4 wie es durch einen Druckfehler heisst), 3 beizuspringen. Dort heisst es: nisi † calalenis adultum iam ueris tempus uult intelligi etc. Loewe vermuthet nämlich in lalenis (liclenis) ein helenis = Helenius (Acro) und vergleicht bezüglich der Form Serm. I, 8, 25 an welcher Stelle (und nur an dieser wird Acron genannt) cod, M. helenemcronem bietet. „Freilich" schliesst er dann, „weiss ich die Buchstaben nisi ca nicht zu erledigen; der ungefähre Sinn der Stelle ist: nisi quis, ut Helenius interpretatus est, adultum iam ueris tempus uult intellegi." Viell. ist folg. Vermuthung betr. das nisi ca der Erwägung werth: es könnte 1) ni aus dem vorhergehenden nt dittographirt sein. 2) in si stecken sc. (scilicet) 3) hiernach fortzufahren sein: calente sole. at bene lalenis ac (Helenius Acro). Der Abschreiber wäre dann von lente auf lenis abgeirrt und ac«ro» wäre vor dem folg. ad = acl ausgefallen.

Od. II, 7, 25 heisst es vom jactus Venerius im Würfelspiel also: Venerius autem iactus in talis summum numerum habet, id est, tricenarium. So auch cod. M nur hat er: tricennarium. Ich gestehe abermals, dass ich nicht weiss, wie sich Porph. das gedacht hat, wie insbesondere das tricenarium zu verstehen sei. Mir ist nur die eine

Ansicht bekannt, dass iactus Veneris od. Venerius der Wurf hiess, bei welchem jeder der 4 tali von den auf ihnen verzeichneten Nummern 1, 6, 3, 4 eine andere zeigte: nullo talo eadem facie cadente, wie es Lucian Amor. 16 heisst. Was unter diesen Umständen mit tricenarium zu machen, was auch im Acro uulgatus steht und von Meyer beibehalten erscheint, weiss ich wie gesagt nicht. Auch Com. Cruq. hilft nichts; er spricht nicht von den tali sondern den tesserae und sagt: Veneris autem iactus laetissimus dicebatur, qui habebat numerum ter senarium; dies von den tesserae richtige ter senarium scheint auch das trecenarium mit verschuldet zu haben. Wie aber Porph., der doch wol nicht die tesserae mit den tali verwechselte, geschrieben ist eine andere Frage. Ursprünglich wollte ich sie auf sich beruhen und anderen zur Lösung überlassen; da aber meine Vermuthung Freunden, denen ich sie gelegentlich mittheilte, sehr probabel schien, theilte ich sie hier wenn auch cunctanter noch mit. Dem Sinne würde nämlich entsprechen: Venerius autem iactus in talis summum numerum habet [id est] inuicem uarium. d. h. hat auf (bei) den Würfeln als oberste Zahl oder oben als Zahl oder als höchste Zahl jedesmal eine verschiedene oder zu oberst eine jedesmal verschiedene Zahl. Wie aus inuicem uarium wurde tricennarium (so cod. M.) ist leicht abzusehen, wenn man ausgeht von ſvicenuarium. Also: si quid nouisti rectius istis candidus imperti si non his utere mecum.

Das zu Serm. II, 1, 42 Anm. zu Epistel II, 2, 70 von mir vermuthete hau sane st. humane hat, wie ich nachträglich aus Bursians Jahresbericht über die Fortschritte des class. Alth. 4. Hft. S. 490 ersehe, auch Luc. Müller Lectt. Horatt. (s. Mélanges Greco-Rom., tirés du bulletin de l'Academie Imp. de St. Petersbourg tom. III p. 688 f.) vorgeschlagen. Fritsche erklärt sich in diesem Jahresberichte gegen diese Aenderung; indess die von ihm nach Dillenburger u. A. vorgezogene Auffassung von humane commoda = „hübsch bequem oder ganz charmant bequem“ will mir schier zu „bequem“ scheinen; wenigstens ist mir's nicht gelungen humane anderweit in diesem Sinne zu finden.